1 PARQUE NACIONAL DE BIAŁOWIEŻA
→ página **4**

4 PARQUE NACIONAL DE JIUZHAIGOU
→ página **48**

7 PARQUE NACIONAL DE KOMODO
→ página **92**

5 PARQUE NACIONAL DE NAMIB-NAUKLUFT
→ página **64**

8 PARQUE NACIONAL DE FIORDLAND
→ página **106**

Omumbonde

Etengu

Malik

¿?

Nuka

Paninnguaq

Ratu

Sari

¿?

PARQUE NACIONAL DE BIAŁOWIEŻA
→ pág. 4

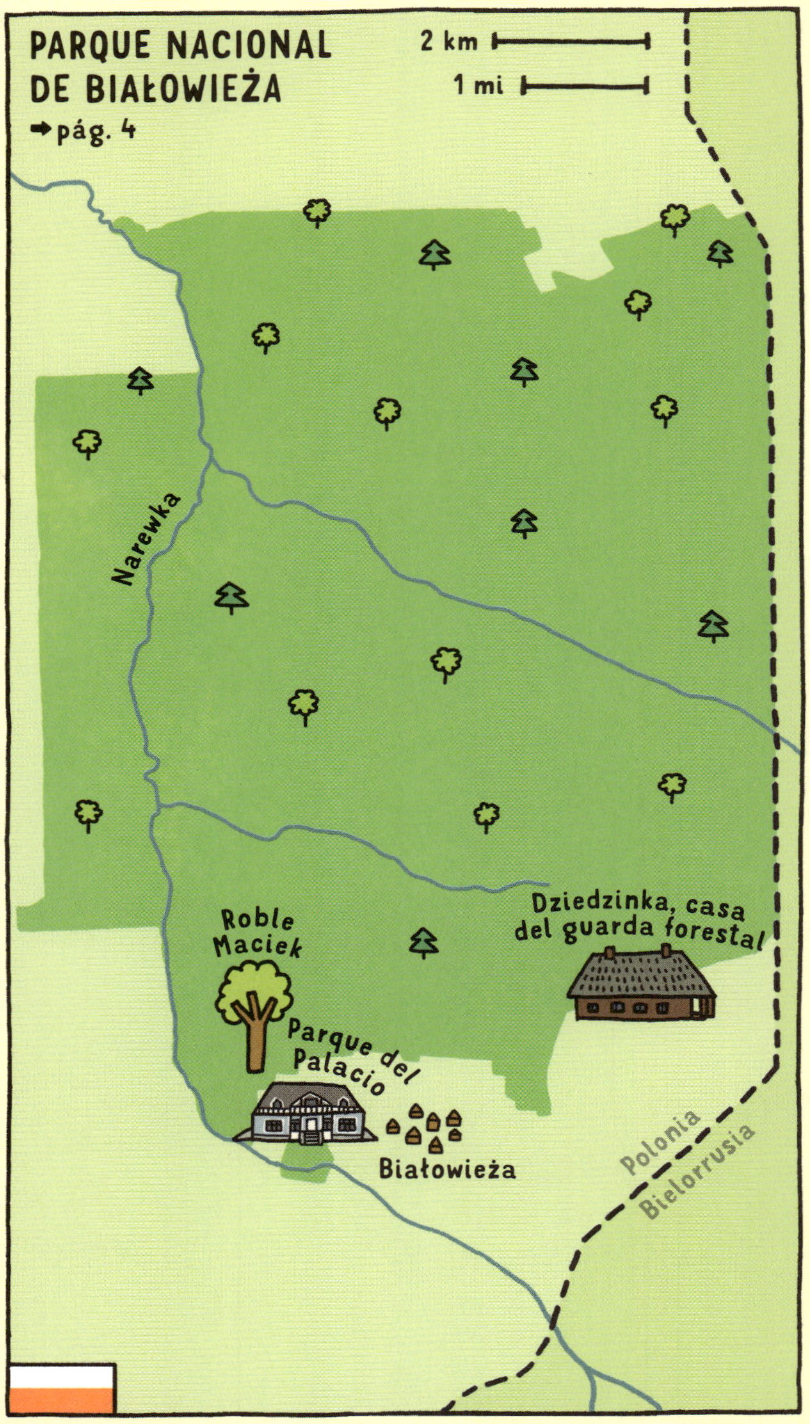

2 km / 1 mi

- Narewka
- Roble Maciek
- Parque del Palacio
- Białowieża
- Dziedzinka, casa del guarda forestal
- Polonia / Bielorrusia

PARQUE NACIONAL DE YELLOWSTONE
→ pág. 20

20 km / 10 mi

- Montana / Wyoming
- fuentes termales Mammoth Hot Springs
- valle de Lamar
- camino
- géiser Old Faithful
- río Yellowstone
- fuentes termales Grand Prismatic Spring
- lago Yellowstone
- Montana / Idaho
- Wyoming
- límite de la caldera
- Eagle Peak (Pico del Águila)

PARQUE NACIONAL DEL MANU
→ pág. 36

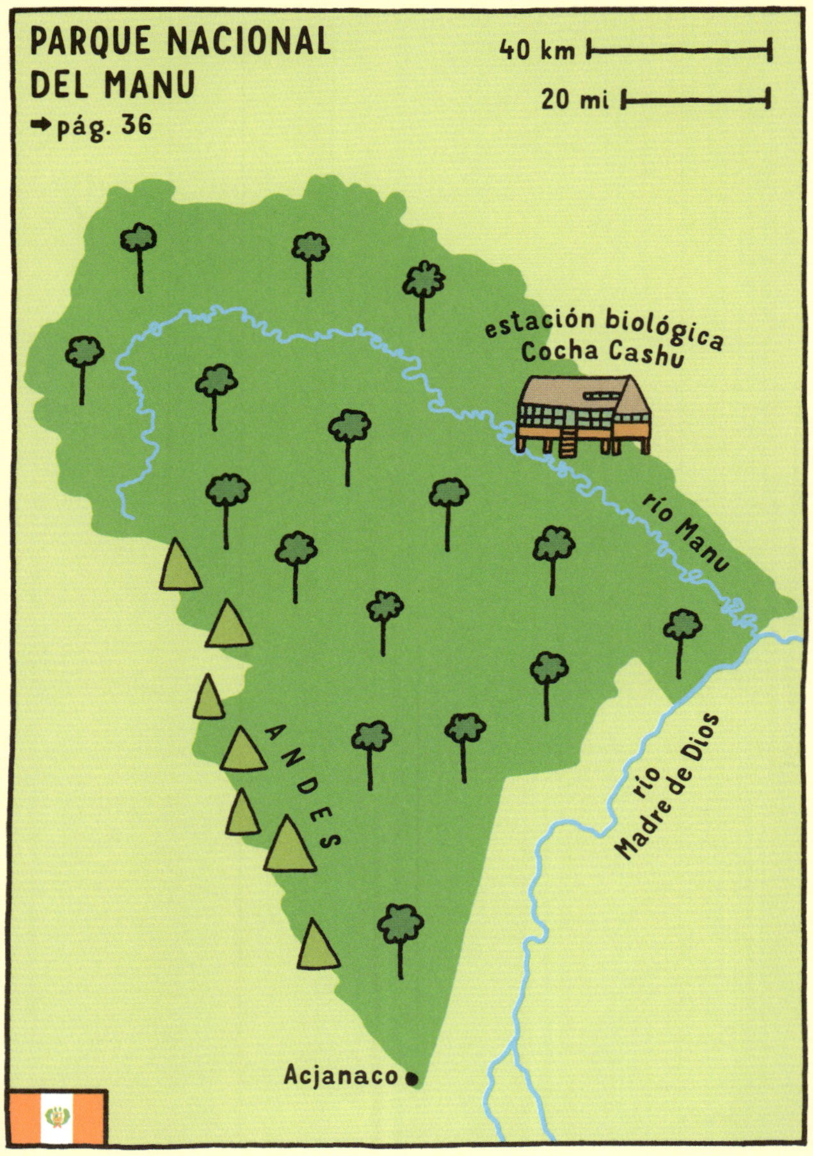

40 km / 20 mi

- estación biológica Cocha Cashu
- río Manu
- ANDES
- Madre de Dios
- Acjanaco

PARQUE NACIONAL DE JIUZHAIGOU
→ pág. 48

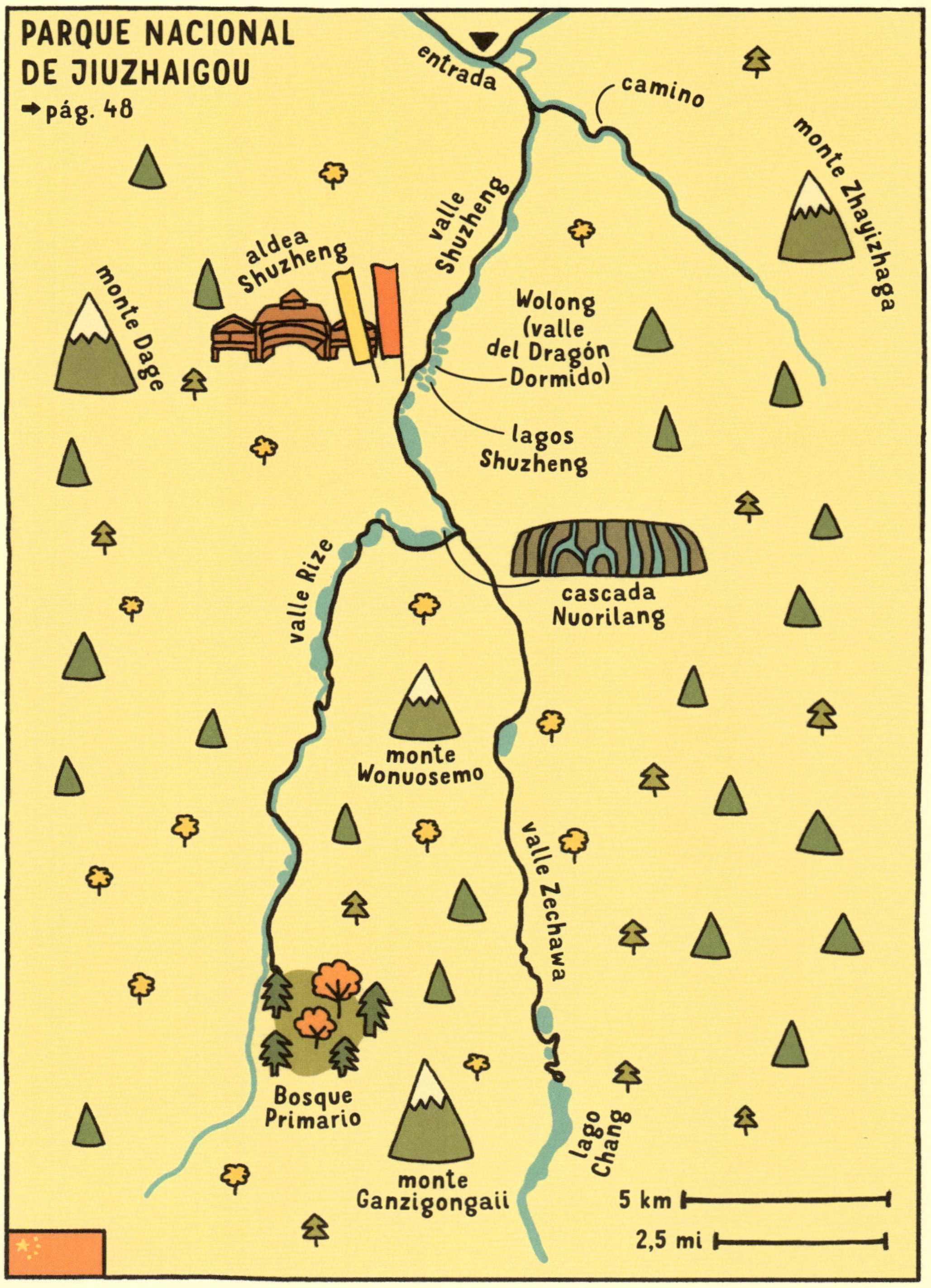

- entrada
- camino
- monte Zhayizhaga
- aldea Shuzheng
- valle Shuzheng
- monte Dage
- Wolong (valle del Dragón Dormido)
- lagos Shuzheng
- valle Rize
- cascada Nuorilang
- monte Wonuosemo
- valle Zechawa
- Bosque Primario
- monte Ganzigongaii
- lago Chang

5 km / 2,5 mi

¿CÓMO SE VA A YELLOWSTONE?
★ UNA VUELTA AL MUNDO A TRAVÉS DE 8 PARQUES NACIONALES ★

ALEKSANDRA MIZIELIŃSKA Y DANIEL MIZIELIŃSKI

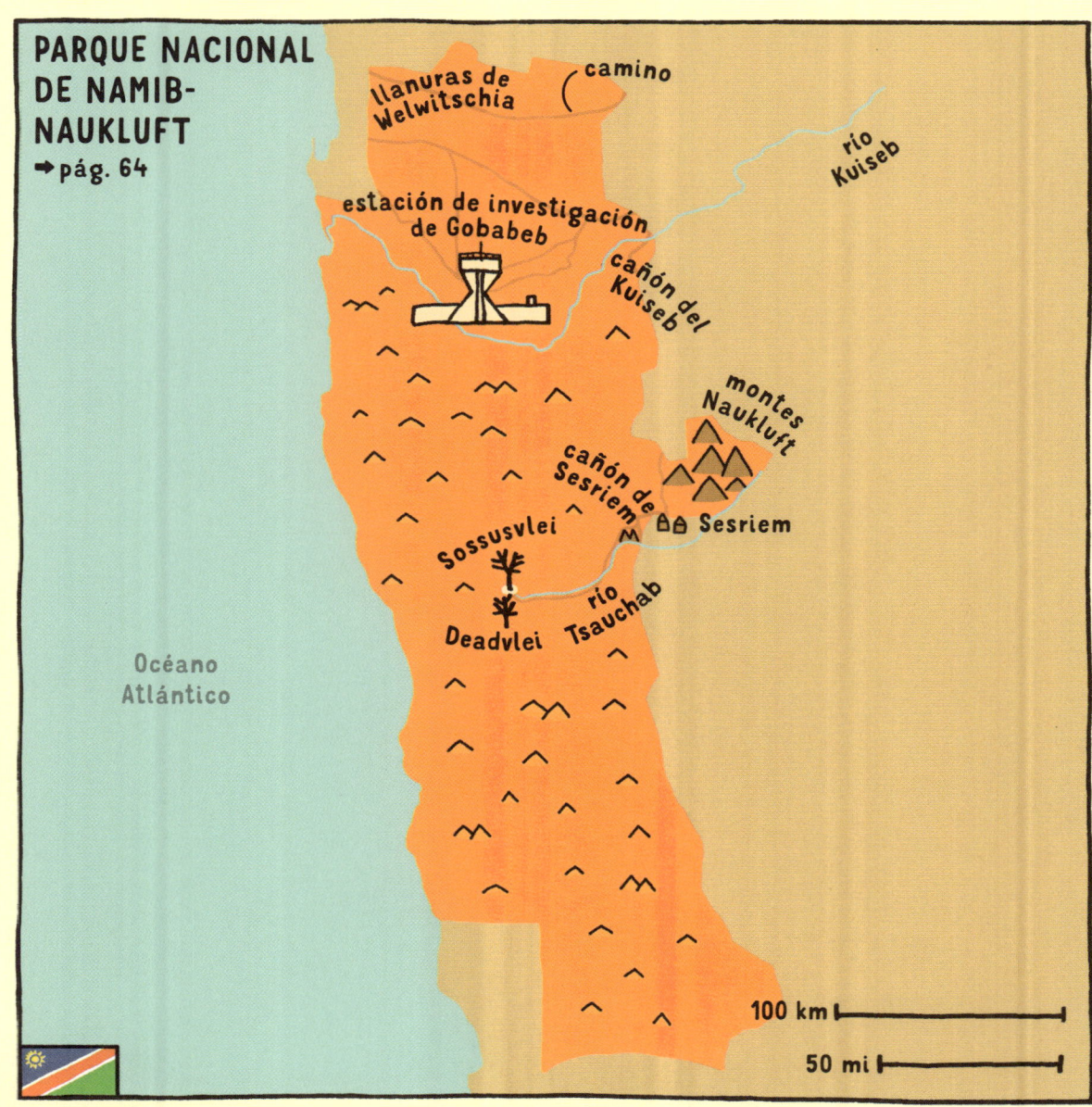

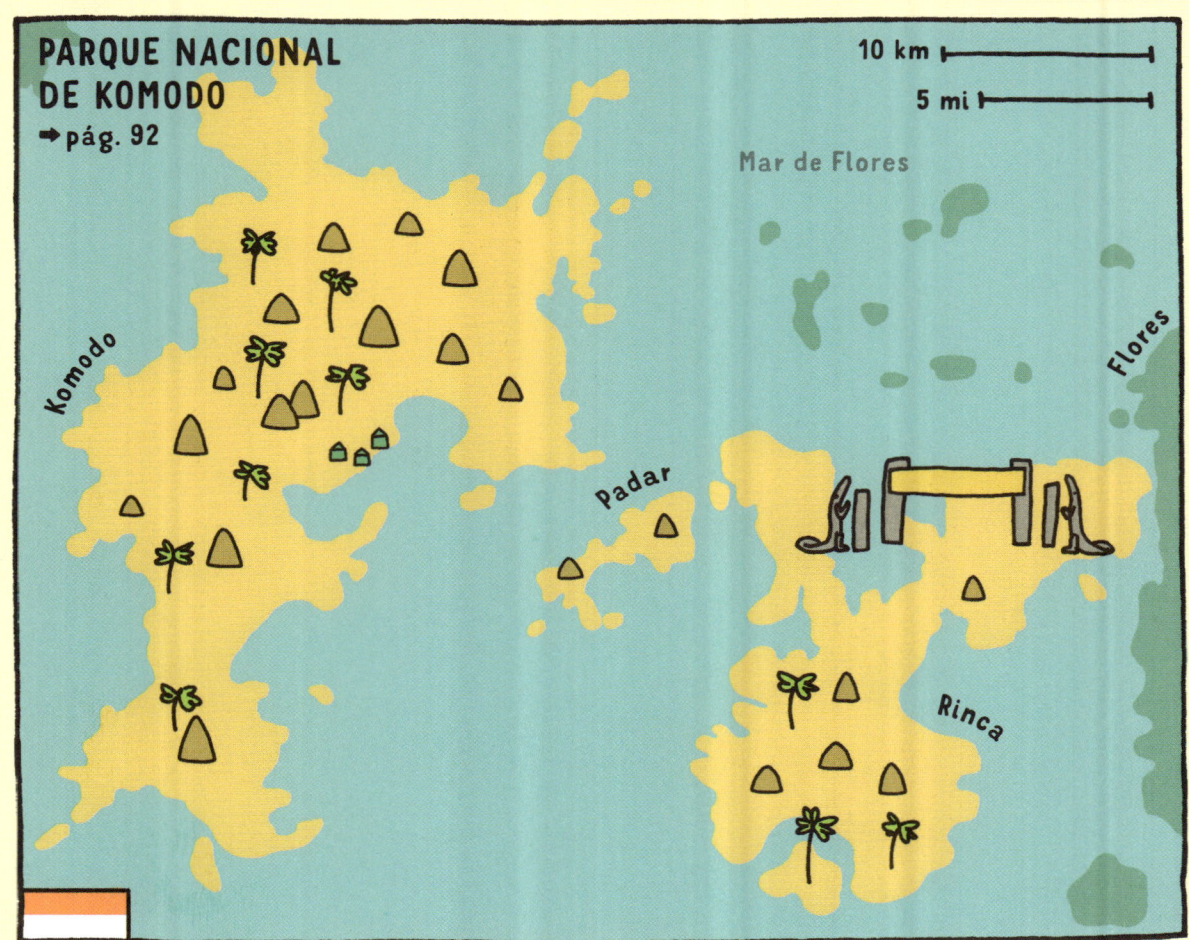

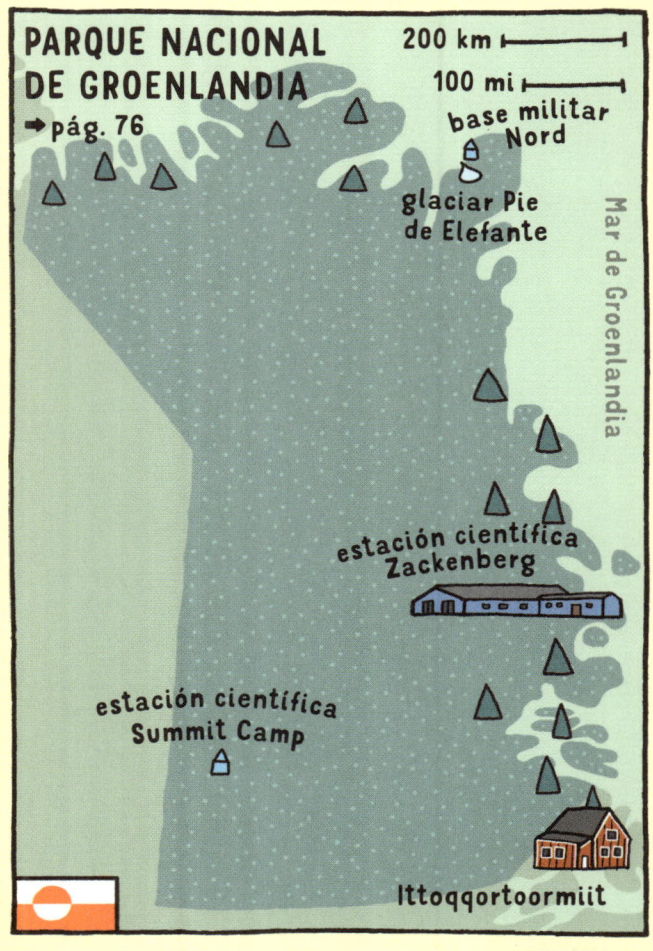

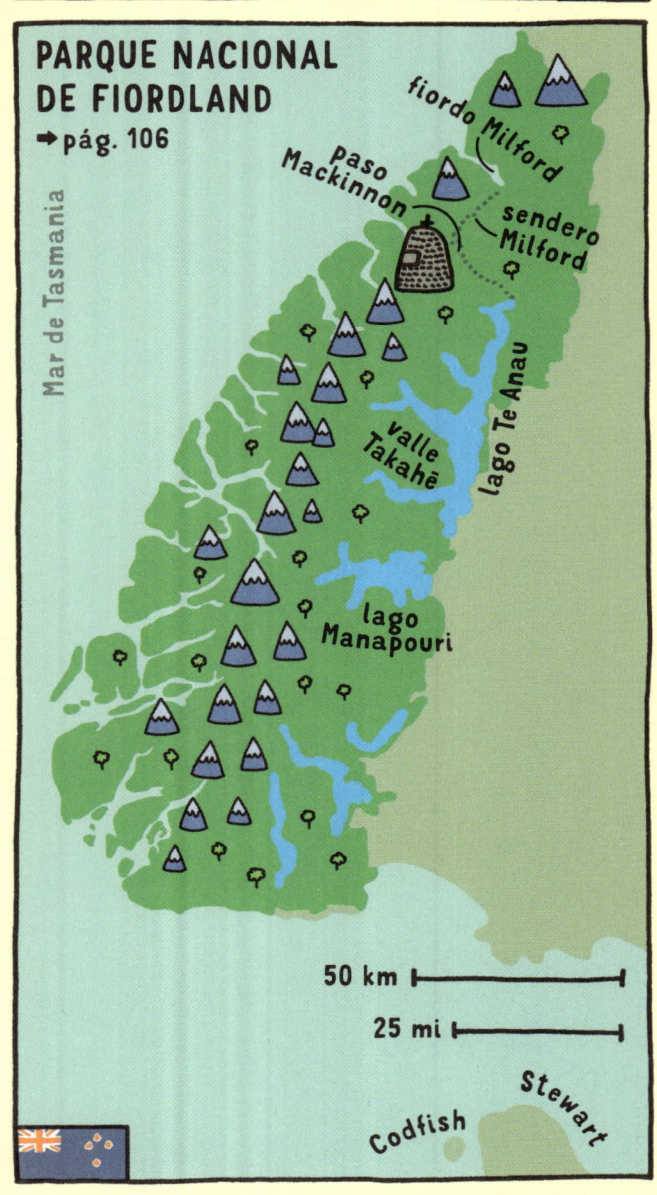

PARQUE NACIONAL DE NAMIB-NAUKLUFT
→ pág. 64

- llanuras de Welwitschia
- camino
- río Kuiseb
- estación de investigación de Gobabeb
- cañón del Kuiseb
- montes Naukluft
- cañón de Sesriem
- Sesriem
- Sossusvlei
- Deadvlei
- río Tsauchab
- Océano Atlántico

100 km / 50 mi

PARQUE NACIONAL DE GROENLANDIA
→ pág. 76

- base militar Nord
- glaciar Pie de Elefante
- Mar de Groenlandia
- estación científica Zackenberg
- estación científica Summit Camp
- Ittoqqortoormiit

200 km / 100 mi

PARQUE NACIONAL DE KOMODO
→ pág. 92

- Komodo
- Mar de Flores
- Padar
- Flores
- Rinca

10 km / 5 mi

PARQUE NACIONAL DE FIORDLAND
→ pág. 106

- fiordo Milford
- Paso Mackinnon
- sendero Milford
- Mar de Tasmania
- valle Takahē
- lago Te Anau
- lago Manapouri
- Codfish
- Stewart

50 km / 25 mi

PARQUE NACIONAL DE BIAŁOWIEŻA

★ POLONIA ★ SUPERFICIE: 105,17 km² ★ CREADO EN 1932 ★

perro mapache

cigüeña blanca

valle del Narewka

liebre europea

cuervo grande

PARK NARODOWY

ciervo europeo

alce

castor europeo

"konik": caballo doméstico polaco

Parque del Palacio

cárabo común
mochuelo alpino
roble común
roble Maciek
¡Hola! Soy Ula.
ardilla roja
lobo
pico picapinos
corzo
marta
tejón común
jabalí
¡Hola! Soy Kuba.
bisonte europeo
lince boreal
comadreja común
Dziedzinka, casa del guarda forestal
erizo de los Balcanes
zorro rojo

¡Ula! Me ha llegado una carta.

¿De quién?

De una tal Dakota. Me escribe y cuenta que es una bisonte, y encima prima mía.

Qué bien, ¿no?

Pero yo no la conozco.

¿En serio?

Pues eso...

¡Enséñame esa carta!

En serio.

¡Oh! ¡Nos invita a su casa!

Espera, voy a mirar una cosa.

Vale.

Sé cómo son los bisontes americanos.

Son clavaditos a ti.

¿Ah, sí?

A ver...

bisonte americano
Bison bison

Panel 1:
- ¡Tienes razón! Casi igualitos.
- ¿No te gustaría verlos?
- Los estoy viendo ahora.
- Pero en vivo, no así.

Panel 2:
- ¿Cómo?
- ¿Acaso no te han invitado?

Panel 3:
- Es verdad.
- ¿Quieres decir que Dakota vive cerca?
- ¿Seguro que has leído la carta?
- Se me ha debido de pasar ese fragmento.

Panel 4:
- Ella dice claramente que es de Estados Unidos.

Panel 5:
- ¡Oh!

Panel 6:
- ¿Y qué me dices ahora?
- ¿Qué te digo de qué?

Panel 7:
- Pueees... ¿Qué, vamos?

Panel 8:
- ¿No querrás decir en...

Panel 9:
- AVIÓN?

bisonte europeo
Bison bonasus

7

— Sabes muy bien que siempre he querido viajar...

UNA ARDILLA POLACA FUE EL PRIMER ROEDOR EN CONQUISTAR EL MONTE EVEREST.

— El verano pasado estuvimos ya en Hajnówka.
— Por eso ahora podríamos viajar más lejos.
— Como si no hubiera más lugares entre Hajnówka y América.
— En toda nuestra vida solo hemos ido una vez de vacaciones, a 20 kilómetros de aquí, y ahora quieres irte al fin del mundo.
— No te preocupes, no hay mucha diferencia...
— ¿Sabes a cuántas personas tendremos que conocer?

— ¡Lo sé!

— A mí no me gusta conocer a gente nueva.
— A mí sí. Además, estaremos juntos todo el tiempo.

— Pero el grande soy yo y siempre me miran a mí.
— Hablaré tanto que nadie se fijará en ti, ya verás.

— Vale.

— Deberíamos pedir consejo a alguien.
— De acuerdo. En esa picea muerta vive un pájaro carpintero amigo mío.
— Ese lugar está siempre lleno. A mí no me gustan las muchedumbres.
— Y me da miedo volar.

¡Antoni! ¿Estás ahí?

Pytho kolwensis

mochuelo boreal

barrenillo pequeño de los abetos

papamoscas acollarado

Buprestis splendens

mochuelo alpino

Dryocoetes autographus

Ceruchus chrysomelinus

Cryphalus abietis

marta

yesquero rebordeado

escarabajo de la corteza

lince boreal

Fomitopsis rosea

Coltricia perennis

pico tridáctilo

¿?

¿Cómo? ¿Pretendes que renuncie a la carcoma? ¡Con la cantidad que hay ahora! ¡Y lo buenas que están sus larvas! ¿Acaso puede haber algo mejor?

Yo últimamente solo como semillas y frutos.

Claro, lo que suelen comer las ardillas. No me parece un gran sacrificio.

Pero vayamos al grano, que se me escabulle el desayuno.

Nos gustaría pedirte un consejo. Estábamos pensando en viajar a América del Norte...

A quien se le haya ocurrido esa idea está mal de la cabeza. Esas cosas son muy complicadas. Además, en nuestro bosque tenemos todo lo que necesitamos.

... y nos gustaría saber por dónde empezar.

Puff...

¡Por fin hemos llegado!

¡Menudo ambiente que tenéis aquí!

Ya sabes, ahora esto está lleno. Hay un montón de comida. Picotees donde picotees encuentras una carcoma. Sírvete.

Gracias, intento no comer insectos. ¿Y tú no has pensado en hacerte vegetariano?

De acuerdo. Conozco a un tipo. Es un palomo de ciudad. Muy de ciudad, de Hajnówka. Se llama Filip. Todos los miércoles queda con su amigo Henio, un chotacabras, en el valle del Narewka. Filip lo sabe todo. Preguntadle a él. Ahora me voy, que tengo prisa.

9

Antoni se ha venido a vivir aquí hace muy poco.

¿Sí?

Limpiaron en exceso el bosque en el que vivía. Talaron y recogieron todos los árboles muertos. Antoni no tenía dónde vivir y lo de la comida también estaba difícil. En nuestro bosque es distinto...

¿Y ahora qué hacemos?

Pasado mañana es miércoles. Esperemos a Filip.

Antes de que llegaran los seres humanos para cazar animales y talar árboles, era únicamente la naturaleza la que mandaba en los bosques. En nuestros días quedan muy pocos bosques que se hayan salvado de la intervención humana. Son los bosques primarios, lugares donde la diversidad de plantas y de animales es de las mayores del planeta.

Hoy en día la mayoría de los bosques de Europa son bosques cultivados, en los que se plantan y se talan árboles para obtener madera. Los árboles muertos se suelen retirar porque son el hábitat ideal de la carcoma. Esos insectos perjudican la explotación forestal ya que atacan también a los árboles vivos y pueden provocar su muerte.

Hace muchos años un espeso bosque cubría también una gran parte de Europa. El bosque de Białowieża, donde viven Kuba y Ula, es uno de los vestigios mejor conservados.

El de Białowieża no es un bosque primario porque los seres humanos llevan siglos explotándolo y modificándolo. Se han conservado, sin embargo, fragmentos del bosque natural, es decir, aquel que el hombre no ha transformado mucho, aunque sí lo ha utilizado para obtener madera y recoger setas o bayas.

Parte del bosque de Białowieża es un parque nacional. Nadie recoge allí los árboles caídos o rotos. Sus troncos viejos y podridos son indispensables para muchas especies raras de animales. Para otras son un refugio ideal o un lugar donde encuentran comida en abundancia.

Dakota vive en Yellowstone, en los Estados Unidos. Es un lugar donde viven muchos bisontes.

¿Sabes que Yellowstone es el parque nacional más antiguo del mundo?

¡Qué interesante!

Los estadounidenses fueron los primeros a los que se les ocurrió la idea de crear un parque nacional. Les fascinó tanto la naturaleza silvestre del Gran Cañón del río Yellowstone que decidieron delimitar una zona grande en la que las plantas, los animales y el paisaje quedaran protegidos de la injerencia humana. Los consideraron un tesoro nacional del que deberían poder disfrutar las generaciones presentes y futuras.

Hoy existen en el mundo miles de parques nacionales.

Algunos se crearon en espacios en los que tienen lugar fenómenos naturales extraordinarios.

Manantiales calientes en el Parque Nacional de Yellowstone

Otros protegen los hábitats de animales que solo viven en esa parte del mundo.

Un gorila de montaña en el Parque Nacional Virunga, en la República Democrática del Congo

Los hay también que protegen paisajes y medioambientes que en el pasado eran muy frecuentes, pero que a causa de la expansión de la civilización solo han podido sobrevivir en territorios reducidos.

Pradera en el Parque Nacional Grasslands, en Canadá

El país que más parques nacionales tiene es Australia. ¡Nada menos que 684!

Pero el más grande es el Parque Nacional de Groenlandia.

¡Australia debe de ser genial!

Eee...

Groenlandia también debe de ser impresionante.

11

Al día siguiente...

En el bosque de Białowieża hay muchos árboles excepcionalmente grandes y altos. Los más viejos y gruesos son los robles. Pueden tener más de 400 años de edad y un perímetro de hasta 7 metros.

El roble más majestuoso se llama Maciek. Tiene unos 450 años, más de 40 metros de altura y el perímetro de su tronco es de casi 7,5 metros.

Los árboles más viejos del mundo no son gigantes, ni mucho menos. Son pinos longevos cuya edad se estima en cerca de 5.000 años. Su crecimiento es extremadamente lento y se produce en condiciones adversas: en el suelo rocoso de la alta montaña donde llueve muy poco. Se pueden encontrar en el oeste de los Estados Unidos.

Tengo más de 4.800 años.

¿Has oído?

Figuraciones tuyas.

cascanueces americano

Para proteger el pino más viejo del mundo los científicos mantienen en secreto su ubicación y su aspecto. En el año 2832 a. C., cuando germinó, el mundo era muy diferente al actual. En todo el planeta vivía menos gente de la que vive hoy en día en España. No se conocía aún el hierro y las herramientas se hacían de cobre. En Mesopotamia, Egipto, el valle del Indo, China y Perú se desarrollaban las civilizaciones más antiguas.

En el año 1569, cuando el roble Maciek era un árbol joven, aún no se publicaban periódicos, en España reinaba Felipe II y las patatas acababan de llegar a Europa desde América.

En aquella época, en el bosque de Białowieża, los antiguos colmeneros criaban abejas.

Perforaban huecos en árboles grandes, a una altura considerable. Atraían a las abejas silvestres con miel y hierbas para que se instalaran en los huecos. Al cabo de un tiempo retiraban la miel y la cera ahuyentando las abejas con humo. En ocasiones, si no tenían suficiente cuidado, provocaban un incendio en el bosque.

Hace ya más de cien años que no hay colmeneros en el bosque de Białowieża. Los restos de las colmenas silvestres son solo una atracción turística.

Tal vez vivieron aquí los uros y los tarpanes, especies ya extintas.

Los uros habitaron las selvas de Europa y Asia durante siglos. Eran codiciadas presas de los cazadores y en el siglo XIII quedaban ya pocos, solo en la parte oriental de Europa. El último uro cayó en 1755 en Pomerania, en el ducado de Prusia.

¡Qué gentuza! Están a punto de provocar un incendio.

Antiguamente en el bosque vivían osos pardos, pero a finales del siglo XIX fueron exterminados por los cazadores.

Los tarpanes, caballos salvajes, se extinguieron en el siglo XIX.

Ahora llega mi turno.

En el bosque de Białowieża se crían los konik. Es una raza de caballos parecida a los extintos tarpanes.

Soy yo, el roble Maciek. Hace 450 años tenía este aspecto.

Cuaderno de Ula

PARQUE NACIONAL DE BIAŁOWIEŻA

SE ENCUENTRA EN LA LLANURA EUROPEA ORIENTAL.

CASI TODA SU SUPERFICIE ESTÁ CUBIERTA POR BOSQUES.

PREVALECEN LOS DE HOJA CADUCA COMPUESTOS SOBRE TODO POR CARPES, TILOS, ROBLES Y ARCES. TAMBIÉN PUEDE HABER PICEAS.

ROBLE COMÚN*

PIÑA DE PICEA

PICEA COMÚN

Isopyrum thalictroides

BELLOTAS (FRUTOS DE ROBLE)

LA PICEA Y EL PINO SON LOS ÁRBOLES QUE MÁS ABUNDAN EN EL BOSQUE DE BIAŁOWIEŻA.

PINO SILVESTRE

PIÑA DE PINO

ARCE REAL

14

ABEDUL COMÚN

ALISO COMÚN

ABEDUL PUBESCENTE

SUS PROPIEDADES CURATIVAS SE CONOCÍAN YA EN LA ANTIGÜEDAD.

AJO DE OSO

FRESNO NORTEÑO

FLOR DEL CUCO FUCSIA

ÁLAMO TEMBLÓN
Populus tremula

CARPE BLANCO

TILO DE HOJA PEQUEÑA

* LAS PLANTAS ESTÁN DIBUJADAS A TAMAÑO NATURAL, SI NO SE INDICA OTRA COSA.

Miércoles.

¿Ves algún palomo?

Dos horas más tarde.

¿Antoni no dijo en QUÉ lugar del valle del Narewka quedaban?

La verdad es que no se lo pregunté.

Creo que es él.

Sí, son ellos. Reconozco a Henio el chotacabras.

Henio, gracias por haber aceptado estar un rato al sol. Los de campo sois muy miedicas.

Hum...

La ciudad, eso sí es vida. ¿No te gustaría mudarte?

No mucho...

Tengo un sitio para ti debajo de una ventana del ayuntamiento. El AYUNTAMIENTO, ya sabes. Es bueno dejarse ver por allí.

¿Qué te pasa hoy que pareces hecho polvo?

Me he pasado toda la noche volando.

¿Qué ha pasado?

Ejem... nada.

Mi amigo es de ciudad.

¡Hola!

¡Aaaaaaaa!

Oh, hola.

Un rato más tarde.

Te entiendo. A mí también me daría miedo.

Venimos a hablar contigo. Queremos viajar a Estados Unidos y no sabemos cómo hacerlo.

Hum. ¿A Estados Unidos?
Nos han dicho que tú lo sabes todo.
Pues claro que sí.
Déjame pensar...
Primero habría que comprar los billetes de avión...
Justo era lo que quería decir.
Yo creo que mejor por internet.
Nunca he estado en un aeropuerto...
Todo a su tiempo. Es muy fácil.
He estado mil veces en aeropuertos.
¡Fantástico! Necesitamos a alguien como tú.
¿No te apuntas a viajar con nosotros?
¡BIENVENIDO, FILIP!
¡Oh!
Cuenta conmigo.
¡Genial!
Unos días más tarde.
¿Qué hacéis?
Estamos planificando el viaje.
Chrrrr ...
¿Puedes meter mi cepillo de dientes?
Yo ya lo tengo todo preparado.
Claro. ¿No necesitas nada más?
¿Tú crees que sí?
CUADERNO DE ULA

Una semana más tarde.

¿Y ahora qué?

Ejem...

Hum...

No tengo ni idea.

Dijiste que habías estado ya un montón de veces en el aeropuerto.

Vuelo a buscar el baño...

Dos horas más tarde.

¿Falta mucho?

¿Qué ha sido eso?

Creo que se ha parado un motor.

Nueve horas más tarde.

Aeropuerto, Estados Unidos.

—¿Parezco el típico turista?
—Sí. Pareces uno más.

—Pasaporte, por favor.

Seis horas más tarde. Carretera en el estado de Montana.

—Gracias.
—¿Hay semillas de chía?

Cuaderno de Ula

PARQUE NACIONAL DE YELLOWSTONE — ESTADOS UNIDOS

OCÉANO ATLÁNTICO

PARQUE NACIONAL DE BIAŁOWIEŻA — POLONIA

YELLOWSTONE NATIONAL PARK — NATIONAL PARK SERVICE

—Hemos llegado...
—¡Me caigo de sueño!

19

PARQUE NACIONAL DE YELLOWSTONE

★ ESTADOS UNIDOS ★ SUPERFICIE: 8.991 km² ★ CREADO EN 1872 ★

oso grizzly

Se lee Yeloustoun

castor america

borrego cimarrón

¡Es genial!

aguas termales de la Gran Fuente Prismática

géiser Old Faithful

zorro rojo

liebre americana

bisonte americano

20

fuentes termales Mammoth Hot Springs

ciervo canadiense

antílope americano

valle de Lamar

río Yellowstone

alce americano

lince del Canadá

lobo

puma

Pinus contorta

trucha degollada

lago Yellowstone

tejón americano

oso negro

mapache boreal

cuervo grande

águila calva

lince rojo

ardilla roja americana

mofeta rayada

coyote

venado bura

21

Al día siguiente.

—¡Ey! ¡Ha llegado tu primo!

—Eee...

—Pst... Sonríe...
—¿De dónde eres?
—Del bosque de Białowieża.
—¿Está por Montana?
—No, en Polonia.

—¡Soy yooo!

—Déjate de bromas... Tengo unos familiares en Montana, pero no en el bosque ese... ¿Eres Dakota?

—No, soy Joe. Dakota es mi hermana. Ahora está en China.

—¿En China?

—¿Y, entonces, cómo es que somos parientes?

—Tenéis un antepasado común... Hum... Veinte mil generaciones atrás... Así a ojo...

Hace mucho tiempo, en el período glacial* se produjeron varias glaciaciones. En esa época una gruesa capa de hielo, el llamado casquete glaciar, cubrió durante miles de años grandes extensiones del planeta.

A medida que el clima se iba enfriando parte del agua del planeta se convirtió en hielo, bajó el nivel de los océanos y emergieron nuevas tierras.

Muchas especies de animales se desplazaban de Asia a América del Norte (y al revés) a través de Beringia, una franja de tierra firme que unía Siberia y Alaska.

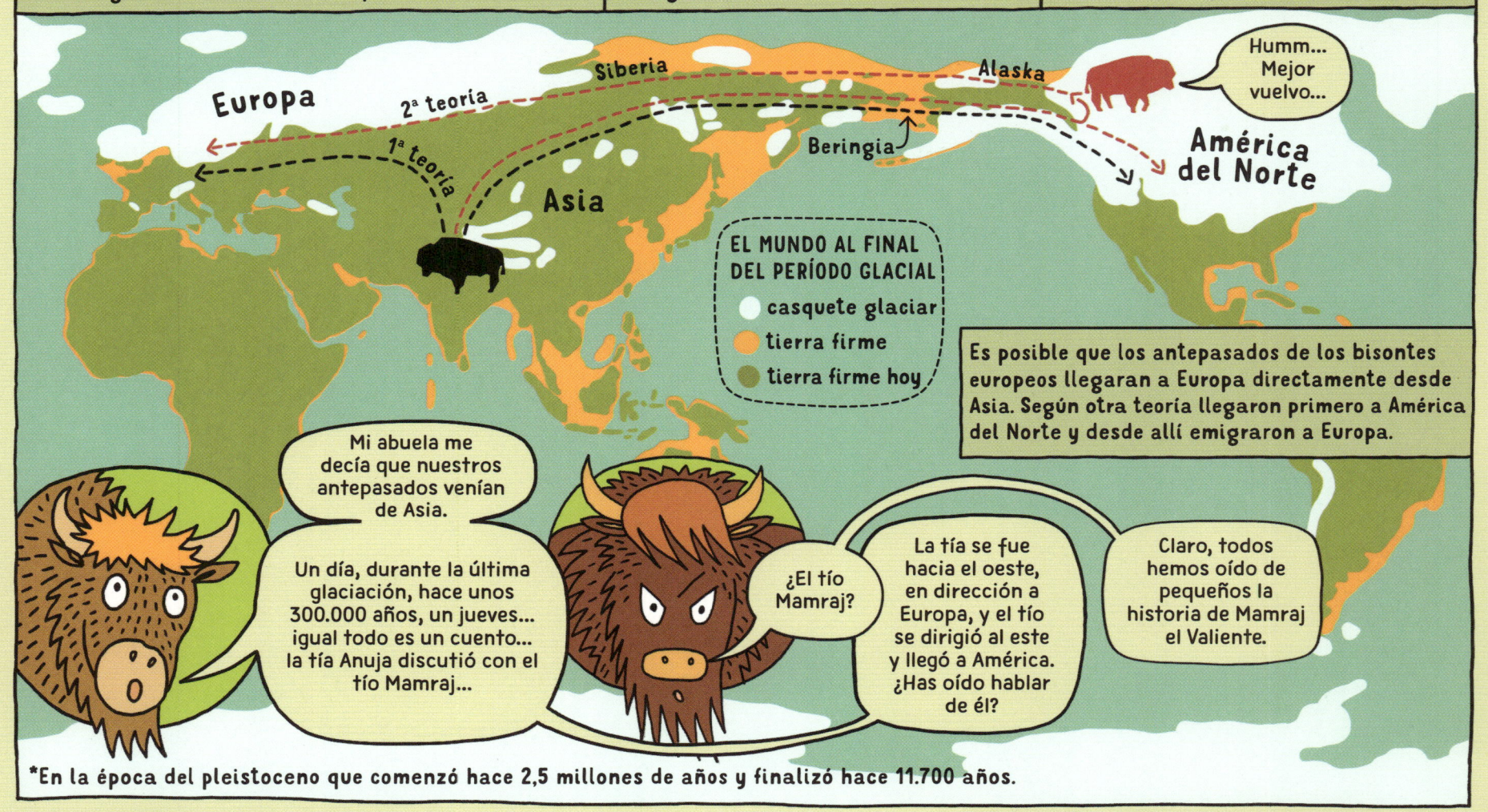

EL MUNDO AL FINAL DEL PERÍODO GLACIAL
- casquete glaciar
- tierra firme
- tierra firme hoy

—Humm... Mejor vuelvo...

Es posible que los antepasados de los bisontes europeos llegaran a Europa directamente desde Asia. Según otra teoría llegaron primero a América del Norte y desde allí emigraron a Europa.

—Mi abuela me decía que nuestros antepasados venían de Asia. Un día, durante la última glaciación, hace unos 300.000 años, un jueves... igual todo es un cuento... la tía Anuja discutió con el tío Mamraj...

—¿El tío Mamraj?

—La tía se fue hacia el oeste, en dirección a Europa, y el tío se dirigió al este y llegó a América. ¿Has oído hablar de él?

—Claro, todos hemos oído de pequeños la historia de Mamraj el Valiente.

*En la época del pleistoceno que comenzó hace 2,5 millones de años y finalizó hace 11.700 años.

Los antepasados comunes del bisonte se extendieron por Asia, Europa y América del Norte. Tras cientos de miles de años de evolución, dieron origen a las especies que conocemos hoy: el bisonte europeo y el bisonte americano (búfalo). Se separaron hace unos 10.000 años cuando parte del casquete glaciar se derritió y Beringia desapareció bajo el agua.

—¡Ja, ja, ja! ¿El Valiente? Nosotros lo llamamos Mamraj el Gruñón. ¡Ja, ja, ja!

ANUJA LA VALIENTE

MAMRAJ EL GRUÑÓN

— En nuestros libros se cuenta otra cosa.
— Uf, ahora no nos dejarán quedarnos.

ANUJA LA GRUÑONA

MAMRAJ EL VALIENTE

— Bueno, es posible que Mamraj fuera un poco gruñón...

— ¡Hola, queridos! Saludad a vuestro primo.
— No, no hace falta...
— No oigo lo que dice...
— ...
— ¡Qué guapo!
— ¿Ha venido de Polonia?
— ¡Qué dices! No le habrían dejado pasar en el aeropuerto.
— Tiene un aspecto un poco raro...
— Porque es de Europa.

Mientras tanto, en otra zona del parque...
— ¿Has oído? Ha llegado un bisonte europeo.
— ¿Cómo que europeo?
— Ha llegado un uro feo.
— Dicen que ha llegado un uro.
— Será canguro.
— ¡Mamá, ha llegado un canguro!

Unas horas más tarde...

— Antes éramos muchos más...

Hace unos siglos millones de bisontes recorrían América del Norte.

Nunca sabremos exactamente cuántos bisontes vivían en las praderas americanas. El teniente Richard Irving Dodge habló de un enorme rebaño que pudo observar a lo largo de 40 kilómetros, mientras viajaba en un coche de caballos en 1871.

... ciento veintiocho, ciento veintinueve...

Basándose en testimonios de este tipo los científicos intentaron calcular el número total de bisontes y establecieron que pudieron ser unos 60 millones. A los investigadores posteriores, sin embargo, esa cifra les pareció muy exagerada, pero concluyeron que en todo caso se trataba de varios millones.

AMÉRICA DEL NORTE
Alaska
Canadá
EE. UU.
México

hábitat inicial de bisontes americanos

¡Qué apretados!

Uno de los métodos más antiguos de caza de bisontes era dirigirlos al borde de un precipicio para que se despeñaran. Los animales heridos eran presa fácil para los cazadores que esperaban abajo.

Los primeros habitantes de América del Norte cazaban bisontes para sobrevivir. No solo se comían su carne. Aprovechaban diferentes partes del animal para hacer ropa, herramientas, objetos de uso cotidiano, medicamentos, armas y bisutería.

¿Crees que se han dado cuenta?

Uff, son solo lobos...

Para no espantar a los bisontes los cazadores se cubrían con pieles de lobo. Así disfrazados podían acercarse más para atacar mejor.

Aunque puede parecer extraño, los bisontes, al ver un lobo, no huían en estampida. Son animales muy grandes y fuertes que saben defenderse. Un ejemplar adulto y sano no tiene nada que temer de un depredador solitario. Para cazar un bisonte hace falta una manada de lobos, pero incluso en ese caso las presas suelen ser animales jóvenes o enfermos.

Los primeros americanos creían que si un bisonte conseguía huir, aunque fuera uno solo, la siguiente cacería no tendría éxito.

¡Atrapad a ese último antes de que avise a otros rebaños!

Pensaban que el número de bisontes era infinito.

¿Y qué pasará cuando se acaben los bisontes?

No seas tonto. Siempre habrá bisontes.

Los colonos europeos llegaron a partir del siglo XVI. Mientras avanzaban hacia el oeste, creaban ciudades, caminos, y vías de ferrocarril.

Llevaron consigo caballos y armas de fuego. La caza se hizo más fácil.

No se asustaban con los disparos.

¡PUM!

Soy Buffalo Bill. He matado 4.280 bisontes.

¿Qué ha sido eso?

Es solo una tormenta.

Las praderas tenían que alimentar no solo a los bisontes, sino también a los caballos y al ganado. Las vacas llegadas de Europa propagaban enfermedades a las que los bisontes no eran inmunes.

En 1869, se completó la primera línea de ferrocarril que conectaba las costas este y oeste de los Estados Unidos.

—¿Qué hay para comer?
—Otra vez bisonte...

Los colonos blancos mataban bisontes por su carne, sus pieles y también por diversión.

¡PUM! ¡PUM!

Los huesos servían para hacer abono.

Los europeos se disputaban la tierra con las tribus indígenas.

—Cuando matemos todos los bisontes, los indios no tendrán qué comer.

A finales del siglo XIX en toda América del Norte apenas quedaban 1.000 bisontes.

—¿Dónde está todo el mundo?
—¿Hay alguien aquí?

Antes de que desaparecieran del todo de las praderas americanas, algunas personas de distintas partes del país decidieron atrapar unos ejemplares jóvenes y criarlos. La especie sobrevivió en gran medida gracias a esa gente. He aquí algunos de ellos:

Frederick y Mary Ann Dupuis (De soltera Good Elk Woman)

—¿Mamá?

Mollie y Charles Goodnight

—Ya te dije que era una buena idea.
—¿?

Samuel Walking Coyote y Mary Sabine

Charles "Buffalo" Jones

Gracias a los ganaderos, a la Asociación Americana de Defensa del Búfalo y a la ayuda de los gobiernos de los Estados Unidos y Canadá, a principios del siglo XX la población de bisontes americanos empezó a remontar.

El Parque Nacional de Yellowstone es el único lugar en los Estados Unidos donde los bisontes han vivido en libertad ininterrumpidamente desde tiempos prehistóricos. A principios del siglo XX eran algo más de veinte. Hoy en día en Yellowstone vivimos aquí miles de bisontes.

En toda América del Norte somos más de medio millón, pero pocos vivimos en libertad.

Bueno, ya es hora de ir a dormir.

A veces es mejor ser un animalito pequeño en el que nadie se fija.

En las reservas de todo el país empezaron a aparecer manadas, al principio pequeñas, de bisontes. Una de esas reservas fue National Bison Range, creada en 1908.

Panel 1: Anoche te perdiste la historia de los bisontes americanos. — Eeh... seguro que no era muy diferente a la de los europeos.

Panel 2: Hum... no te falta razón. — Voy a buscar una tienda. — ¿Para qué quieres una tienda? — Ahora cuenta tú qué pasó en Europa.

Panel 3: Soy de ciudad. No pienso hurgar en la tierra.

EUROPA — hábitat inicial del bisonte europeo

Antiguamente, cuando una espesa selva lo cubría todo desde las costas atlánticas hasta los montes Urales, los bisontes europeos ocupaban una gran parte de Europa. Con el tiempo, en esos terrenos fue instalándose cada vez más gente: crearon asentamientos que se transformaron en ciudades, talaron los árboles, cultivaron la tierra y criaron animales. Los territorios silvestres fueron desapareciendo, y con ellos, los bisontes.

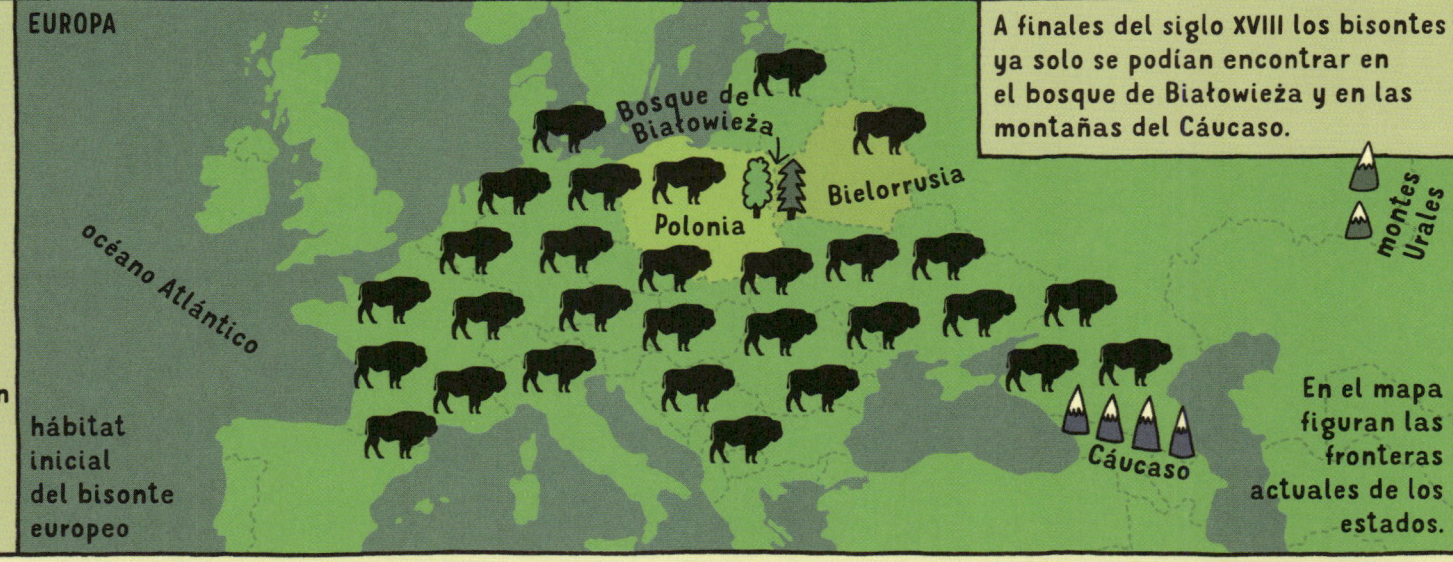

A finales del siglo XVIII los bisontes ya solo se podían encontrar en el bosque de Białowieża y en las montañas del Cáucaso.

En el mapa figuran las fronteras actuales de los estados.

(Mapa: océano Atlántico, Bosque de Białowieża, Polonia, Bielorrusia, montes Urales, Cáucaso)

El rey Vladislao II Jagellón cazando. — año 1410

Muchos de los reyes polacos iban a cazar al bosque de Białowieża. El privilegio de cazar bisontes estaba reservado a los reyes y a personas que habían obtenido un permiso real. Pasaba lo mismo con la tala de árboles y la explotación de otras riquezas forestales. Quien mataba un animal real se exponía a un severo castigo.

año 1584

El rey Esteban I Báthory fue el primero en montar allí una especie de zoológico. Se trataba de grandes cercados dentro de los cuales se encerraba a los animales salvajes. El rey podía matarlos fácilmente disparando desde una torre de caza. Ese tipo de caza fue durante muchos siglos una diversión popular entre los monarcas.

El rey Augusto III de Polonia y su esposa María Josefa cazando. — año 1752

¿Cuántos van ya? — Veinti... — ¡Qué espectáculo! — ¡Bravo! — ¡Fantástico!

Cuando en 1795 se produjo la tercera partición de Polonia, el bosque de Białowieża pasó a ser territorio ruso. Los sucesivos zares de Rusia iban allí a cazar, al igual que lo habían hecho antes los reyes polacos. El zar Alejandro I prohibió la caza de bisontes y ordenó alimentarlos y protegerlos. Más tarde prohibió también la tala de árboles.

¡Que a nadie se le ocurra talar árboles aquí, que se me asustan los bisontes! — **año 1820**

Pero llegó el zar Nicolás I y...

En el bosque había también cazadores furtivos.

Se organizó una gran caza para el zar Alejandro II.

año 1860

El zar ordenó matar lobos, linces y también osos que pronto desaparecerían totalmente del bosque. En su opinión, los depredadores ponían en peligro a los bisontes y otros animales de caza.

Durante la I Guerra Mundial el bosque de Białowieża fue ocupado por los alemanes.

¡No está nada mal este bisonte!

El zar regaló cuatro bisontes al príncipe de Pless Hans Heinrich XI, a cambio de veinte ciervos, especie que había sido exterminada en el bosque de Białowieża ya en el siglo XVIII.

año 1865

Durante siglos la caza de bisontes fue una diversión de los reyes, los príncipes y los zares. Distintas leyes y prohibiciones restringían el uso libre del bosque, pero Białowieża cambiaba de dueño con frecuencia y su protección siempre fue insuficiente y provisional. Una caza intensa, el furtivismo, los levantamientos armados y las guerras contribuyeron a la exterminación de muchas especies de animales, entre ellas el bisonte.

En 1919 mataron al último bisonte del bosque de Białowieża. Los bisontes del Cáucaso sobrevivieron en libertad solo unos años más, hasta 1927.

¿Y ahora qué?

Los países europeos en los que vivían bisontes en cautividad colaboraron para salvar la especie. Resultó que en ese momento solo había 54 bisontes pura sangre, es decir, que no tenían entre sus antepasados bisontes americanos o caucasianos.

¿Sirve?

Hum...

Bisontes de ganaderías extranjeras se trasladaron a una reserva cerrada en el bosque de Białowieża.

Wo sind wir?*

Jag förstår inte vad du säger.**

*¿Dónde estamos? **No entiendo lo que dices.

año 1929

En una parte pequeña del bosque se creó un parque nacional.

año 1932

La reproducción de bisontes no dio resultados hasta la llegada del macho Plisch, de Pless (descendiente de los bisontes regalados años antes por el zar Alejandro II). Al año siguiente Plisch fue padre por primera vez.

POLKA

Llamémosla Polka.

año 1937

El bisonte europeo fue considerado animal protegido en Polonia.

Uff...

año 1938

Fueron 17 los bisontes que sobrevivieron a la Segunda Guerra Mundial. En 1952 los primeros dos ejemplares fueron trasladados de la reserva cerrada al bosque. Hoy viven 500 bisontes en libertad en la parte polaca del bosque de Białowieża. La mayoría son descendientes de Plisch.

Mi tatarabuelo Plisch tuvo 45 hijos.

En Europa viven actualmente varios miles de bisontes en libertad. Se pueden encontrar en Polonia, Bielorrusia, Lituania, Alemania, Rusia, Ucrania, Rumanía y Eslovaquia.

Oye, por cierto. ¿De dónde sale todo ese humo?

— Es que estamos en un volcán.

— Eeh...

— Bah... No veo ningún volcán.

— Los volcanes son unas montañas grandes que humean.

— La montaña, si es que la hubo, explotó hace mucho tiempo. Lo que queda es la caldera, el enorme agujero en el que justo estás ahora.

— Han pasado ya miles de años desde la última erupción, pero nuestro supervolcán sigue activo.

SUPERVOLCÁN
ABIERTO
24H

La caldera de Yellowstone (de 55 por 72 kilómetros) se formó en la última de las grandes erupciones que tuvo lugar hace unos 630.000 años.

Un supervolcán se forma cuando el magma que se va acumulando en una gran cámara subterránea alcanza una presión tan alta que revienta la superficie de la tierra en una enorme erupción.

Esa erupción puede lanzar al aire 1.000 km³ de magma, polvo y cenizas volcánicas, provocando enormes daños en grandes territorios.

Los científicos encontraron huellas de ese tipo de erupciones de hace miles de millones de años en varios lugares de la Tierra.

— UN SUPERVOLCÁN.

— ¿Eso quiere decir que puede explotar?

— ¡AAAH!

— Es posible que algún día explote, pero, de momento, más bien no.

— Lo que sí es seguro es que a una profundidad de varios kilómetros hay magma caliente que no para de moverse.

— Por eso la tierra en el parque sube en algunos lugares y se hunde en otros.

magma

— ¿Y todo por culpa de ese magma?

— Sí. Además, tenemos terremotos prácticamente a diario. Incluso más de uno. Por suerte, suelen ser muy pequeños.

— ¿Ula, cuándo volvemos a casa?

La cámara subterránea de magma es enorme: en el lugar más ancho mide 40 por 90 kilómetros y alcanza 50 kilómetros de profundidad desde la superficie terrestre.

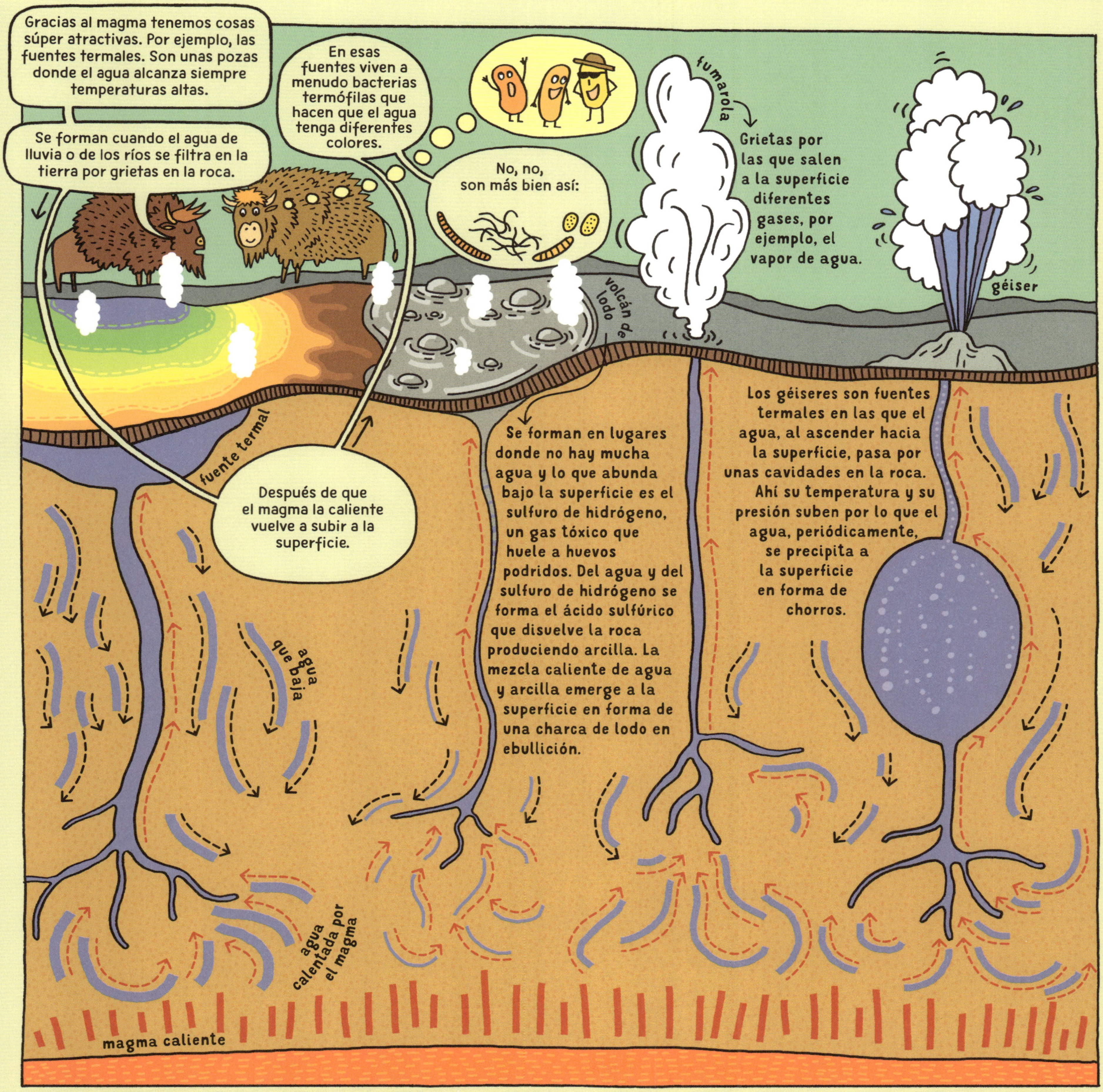

Gracias al magma tenemos cosas súper atractivas. Por ejemplo, las fuentes termales. Son unas pozas donde el agua alcanza siempre temperaturas altas.

Se forman cuando el agua de lluvia o de los ríos se filtra en la tierra por grietas en la roca.

En esas fuentes viven a menudo bacterias termófilas que hacen que el agua tenga diferentes colores.

No, no, son más bien así:

fumarola → Grietas por las que salen a la superficie diferentes gases, por ejemplo, el vapor de agua.

géiser

volcán de lodo

fuente termal

Después de que el magma la caliente vuelve a subir a la superficie.

Se forman en lugares donde no hay mucha agua y lo que abunda bajo la superficie es el sulfuro de hidrógeno, un gas tóxico que huele a huevos podridos. Del agua y del sulfuro de hidrógeno se forma el ácido sulfúrico que disuelve la roca produciendo arcilla. La mezcla caliente de agua y arcilla emerge a la superficie en forma de una charca de lodo en ebullición.

Los géiseres son fuentes termales en las que el agua, al ascender hacia la superficie, pasa por unas cavidades en la roca. Ahí su temperatura y su presión suben por lo que el agua, periódicamente, se precipita a la superficie en forma de chorros.

agua que baja

agua calentada por el magma

magma caliente

¿Has oído? Volcanes, el magma que anda, terremotos, charcas calientes peligrosas, bacterias sospechosas...

Espero que al menos no haya lobos...

¡También hay lobos!

¡Vaya! Y lobos negros parece... ¡Qué cosas!

Los lobos no son amenaza. Lo peor son los montones de gente que vienen por aquí.

Eso sí que es terrible.

¿Y tú no eres un canguro? ¡Qué pena!

¿Cómo?

Lo siento. Pues a mí no me acaban de gustar los lobos.

— Uff...

— Nadie nos tiene cariño, pero hace tiempo, cuando no había lobos todo el mundo lo pasaba mal, muy mal.

— Es lo que dice mi mamá.

— ¿Qué dices? ¿Mal sin los lobos? ¿Todo el mundo? Anda, anda...

— Pues sí, todo el mundo. O casi. Los castores y demás...

— Vale, tranquila... Eres una niña muy nerviosa.

— Estoy muy tranquila.

— ¿Los castores lo pasaron mal sin los lobos?

— Ajá.

Los animales y las plantas que conviven en un lugar se influyen mutuamente. Junto con su entorno —el aire, el agua, el suelo— conforman un sistema en el que todo está interconectado. Ese todo se llama ecosistema. Puede ser un bosque concreto, un valle o un arrecife de coral.

A principios del siglo XX no se conocía aún el concepto de ecosistema. La gente dividía los animales en "buenos" y "malos". Los buenos eran los herbívoros, que no amenazaban al ser humano ni competían con él y, además, le proporcionaban alimento. Los "malos" eran los depredadores. No solo los lobos, sino también los coyotes, los pumas, los linces o los osos.

A medida que en la región de Yellowstone se fue asentando cada vez más gente, se agravó el conflicto entre los seres humanos y los lobos. Las personas les arrebataban a los lobos su espacio vital y con la caza de animales les quitaban su alimento. Para sobrevivir los lobos empezaron a atacar a los animales de granja.

Los granjeros y los cazadores hicieron frente común contra los lobos. Los turistas que visitaban el parque querían ver ciervos, "buenos". Por eso los lobos, "malos" porque cazaban ciervos, sufrían una exterminación masiva no solo en el exterior del parque, sino también dentro de él.

— Los ciervos sí que están bien.

— Son bonitos y se pueden cazar.

En los años 20 del siglo XX exterminaron la última manada de lobos de Yellowstone. Lo mismo pasó con los pumas. Los efectos de la exterminación de los principales depredadores fueron imprevisibles y de gran alcance.

Cuando desaparecieron los depredadores, los ciervos empezaron a llevar una vida tranquila y ociosa. Se multiplicaban y comían sin parar. No había ninguna amenaza, tranquilamente devoraban las hojas de los árboles jóvenes que no tenían ninguna posibilidad de seguir creciendo.

Los ciervos devastaban los sauces y los álamos con los que se alimentan los castores y con los que construyen sus diques y sus hogares. En consecuencia, los castores desaparecieron del norte de Yellowstone.

Sin los castores los pantanos se transformaron en arroyos. Muchas especies de aves no tenían dónde anidar y numerosos insectos, anfibios, alces, nutrias y peces perdieron sus hábitats.

¿Seguimos un poco?

No tengo ganas.

La desaparición de los lobos provocó, sin duda, muchos cambios importantes, pero hubo más factores. Cualquier ecosistema es un complicado puzle en el que influyen no solo las plantas y los animales sino también los cambios climáticos, las sequías, los incendios y muchos otros factores, aún no del todo estudiados.

En ausencia de los lobos, aumentó la población de coyotes, que diezmaron la de antílopes, zorros, roedores y aves. Los coyotes pasaron a ser superdepredadores, es decir, aquellos que no tienen enemigos naturales.

¡A mí no me tose nadie!

Hoy sabemos que el cambio en un elemento del ecosistema desencadena cambios que afectan a multitud de elementos. Incluso a los que en principio parecen no tener conexión con el primero. En nuestro caso, la desaparición de los lobos no solo afectó a la población de ciervos, sino también a gran diversidad de especies de plantas y animales.

Los cuervos, las águilas, las urracas, los coyotes, los osos y otros carroñeros que hasta entonces se beneficiaban de los animales que mataban los lobos, ya no podían seguir haciéndolo. Era un problema especialmente en invierno y a principios de la primavera cuando escasea la comida. Es cuando los osos despiertan del letargo invernal.

¿Qué pasa con esa comida?

A pesar de muchas controversias el proyecto fue un éxito. Hoy muchos turistas visitan Yellowstone precisamente por los lobos. En el parque hay al menos ocho manadas que suman un total de sesenta individuos. En el ecosistema de Yellowstone que se extiende más allá de los límites del parque son cinco veces más.

¡Menudo desastre!

Los lobos causan pérdidas entre vacas y ovejas. Su cercanía despierta en mucha gente un arraigado miedo y hostilidad. Por eso, el regreso de esos depredadores a Yellowstone provocó muchos sentimientos extremos.

Con el tiempo la gente ha entendido que para conseguir el equilibrio de los ecosistemas no puede faltar ningún elemento. Los primeros planes de reintroducción de lobos en Yellowstone surgieron a mediados del siglo XX. Hubo que esperar hasta 1995 para su implantación. Ese año llegaron al parque los primeros 14 lobos.

Cuaderno de Ula

PARQUE NACIONAL DE YELLOWSTONE

- ESTÁ UBICADO EN UNA MESETA. SU ALTURA MEDIA ES DE 2.400 METROS. 
- EL PUNTO MÁS ALTO ES EL PICO DEL ÁGUILA (3.462 METROS). 
- EL 80% DEL PARQUE ESTÁ CUBIERTO DE BOSQUE. 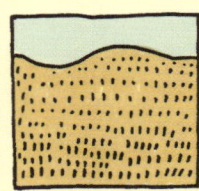
- LA SUPERFICIE RESTANTE SON PRADERAS (15%) Y LAGOS Y RÍOS (5%).

Pinus contorta

CONSTITUYE EL 80% DEL ARBOLADO DE YELLOWSTONE.

PICEA DE ENGELMANN

ABETO ALPINO

ENEBRO Juniperus scopulorum

ÁLAMO TEMBLÓN
Populus tremuloides

ENEBRO Juniperus scopulorum

ÁLAMO BÁLSAMO

EN YELLOWSTONE HAY MÁS DE DIEZ ESPECIES DE SAUCES. SON EL ALIMENTO, ENTRE OTROS, DE CIERVOS Y ALCES, Y LOS CASTORES LOS USAN PARA CONSTRUIR DIQUES.

SAUCE Salix glauca

SAUCE Salix exigua

32

ARCE DE DOUGLAS

VERBENA DE ARENA DE YELLOWSTONE

ESTA ESPECIE SE ENCUENTRA SOLO EN EL PARQUE DE YELLOWSTONE.

Symphyotrichum foliaceum

Artemisia tridentata

Eriogonum ubellatum

JUNCO
Juncus tweedyi

VIVE CERCA DE FUENTES TERMALES.

castilleja linariifolia

33

Dos semanas más tarde.

La, la, la...

Kuba, tienes una carta.

¡Ay!

¡Socorro, es un lobo!

Es de Dakota.

Querido Kuba:
Espero que hayas llegado sano y salvo. ¿Se ha ocupado Joe de ti? (Es un poco bruto, pero qué le vamos a hacer.) Recuerda, no hables con los lobos. Son muy pesados, solo hablan de sí mismos. Desgraciadamente, tuve que irme antes de lo que pensaba. Estoy camino de China. Si quisieras venirte, en los próximos dos meses estaré en casa del panda Min Min, en el valle de Jiuzhaigou.
Besos,
Dakota

¡Ay, ay!

¿Y a mí no me ha escrito nada?

¡No nos queda otra!

¡Vamos a China!

¿Bruto?

...

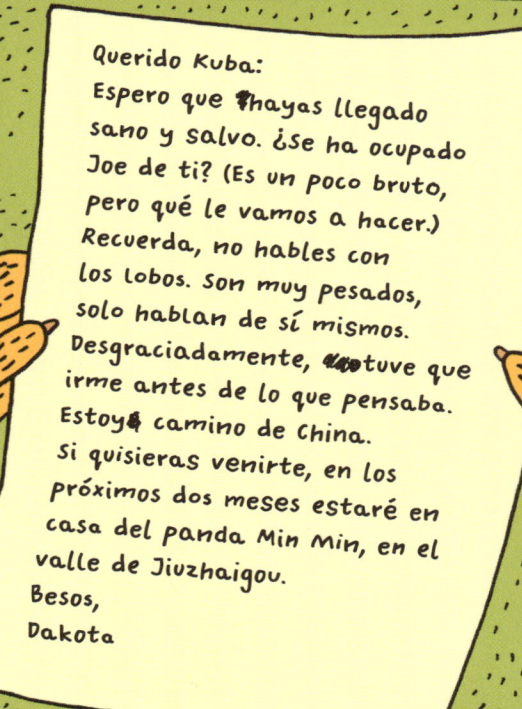

Dakota está escribiendo un libro de cocina. "Vegetarianos aquí y allá" o algo así... Ha ido a probar el bambú y entrevistar a un yak o cómo se llame...

Como si le faltara algo aquí. ¡Yellowstone es súper! ¿Sabes que nos llaman el Serengueti americano?

Y si quieres ver muchos lobos, no hay lugar mejor.

No, gracias. Con uno tengo bastante.

¿Os cuento otra historia supercuriosa sobre los lobos?

¡Venga!

Os diré de dónde vienen los lobos negros, como yo.

lobo prehistórico

lobo — **perro doméstico**

Los lobos y los perros tienen un antepasado común. Nuestros caminos se separaron hace al menos 27.000 años, pero ambas especies son lo suficientemente parecidas como para cruzarse* y dar a luz crías sanas.

*Animales de distintas especies se juntan para procrear.

¡Feli, ven aquí!

El color negro del pelaje viene precisamente de los perros que hace tiempo se cruzaron con los lobos. Sus descendientes dieron origen a generaciones de lobos en las que se conservó ese rasgo. Hoy en día es muy frecuente, sobre todo en los lobos que viven en América del Norte.

¿Cómo es que sabes todo eso?
Siempre lo he sabido.
Esperad y llamo a mi familia. Lleváis tiempo aquí y aún no los habéis conocido.
¡Ñam, ñam!
Eee... gracias, pero llegamos tarde al avión.
Ese canguro ya se va.
¡Adiós, adiós!
¡Nos vemos muy pronto!
En el aeropuerto.
LAX DEPARTURES
DESTINATION GATE SCHEDULED STATUS
AA 1395 NEW YORK 126 10:55 FINAL CALL
DL 6728 SYDNEY 134 11:04 BOARDING
US 2123 TAIPEI 121 11:15 DELAYED
LP 926 CUZCO 156 12:05 ON TIME
¡Mirad, un vuelo a Cuzco!
¡Oh! Siempre he querido conocer la selva amazónica...
En realidad, podríamos pasar por allí camino de China.
¿Por qué no?
Tres billetes a Cuzco, por favor. Uno con el descuento de especies protegidas.
¡Última llamada para los pasajeros del vuelo a Cuzco!
GATES 140-160
Cuaderno de Ula
PARQUE NACIONAL DE YELLOWSTONE
ESTADOS UNIDOS
PERÚ
PARQUE NACIONAL DEL MANU
OCÉANO PACÍFICO
Acjanaco, Perú.
PARQUE NACIONAL MANU
¡ITINERARIOS! ¡GUÍA PROFESIONAL!

PARQUE NACIONAL DEL MANU

★ PERÚ ★ SUPERFICIE: 17.163 km² ★ CREADO EN 1973 ★

- arpia mayor
- gato andino
- oso de anteojos
- cóndor andino
- zorro culpeo
- guacamayo rojo
- gallito de las rocas peruano
- guacamayo azuliamarillo
- loro cabeciazul
- loro farinosa
- puma
- pacarana
- caimán de anteojos
- mariposa azufre de bandas naranja
- Anteos menippe
- mariposa de los naranjos
- anaconda verde

pecarí de collar
boa constrictor
oso hormiguero gigante
perezoso bayo
mono ardilla boliviano
mono araña peruano
mono aullador rojo de Juruá
jaguar
armadillo gigante
estación biológica Cocha Cashu
zopilote rey
shansho
¡Aaaaa! ¡Qué tapir más grande!
hormigas Atta cephalotes
ranita venenosa de Manu
tapir amazónico
oso hormiguero amazónico
lago Cocha Otorongo
tángara del paraíso
colibrí piquilargo
agutí centroamericano
río Manu
ranita bandeada Dendropsophus rhodopeplus
capibara
Rhetus periander
río Madre de Dios
nutria gigante
piraña de vientre rojo

Os llevaré hasta donde se puede, a la estación biológica Cocha Cashu. Ahora están un poco nerviosos por allí porque hace una semana desapareció durante una excursión el famoso pintor Henri.

Nos esperan dos días en el río.

Vino desde la mismísima Francia para pintar la selva. Se separó del grupo y desde entonces nadie sabe nada de él.

¡Qué horror! ¿Por qué no ayudamos a buscarlo?

Porque...

¿Por qué no intentáis simplemente no perderos vosotros?

Va a ser lo mejor...

¿Qué hacen esos loros ahí?

Se posan en las paredes de la quebrada y comen arcilla. Contiene los minerales que les faltan en su dieta.

Por la noche...

El lugar en el que estamos es famoso por su biodiversidad.

¿Por su qué?

Quiere decir que hay muchísimas especies de plantas y animales. Tal vez más que en cualquier otro rincón del mundo, pero es imposible saberlo con seguridad.

Solo de mariposas hay ya más de 1.300 especies.

Hay unos lugares en el bosque tropical del Amazonas que también compiten por el título de mayor biodiversidad del mundo, pero es muy difícil contar todas las especies. Todo el tiempo se están descubriendo especies nuevas. A veces cuesta mucho decidir si algo pertenece a una especie nueva o no.

¿De verdad? A mí me parecía fácil. Está claro que el bisonte y la ardilla son dos especies distintas.

Ejem... A ver...

¡CRAC! PRRR... ¡CUA! ¡CUA! GRRRR... ¡TOC! RRR... SSS... ¡PLIC! ¡CHOF! ¡PLIC! ¡CHOF!

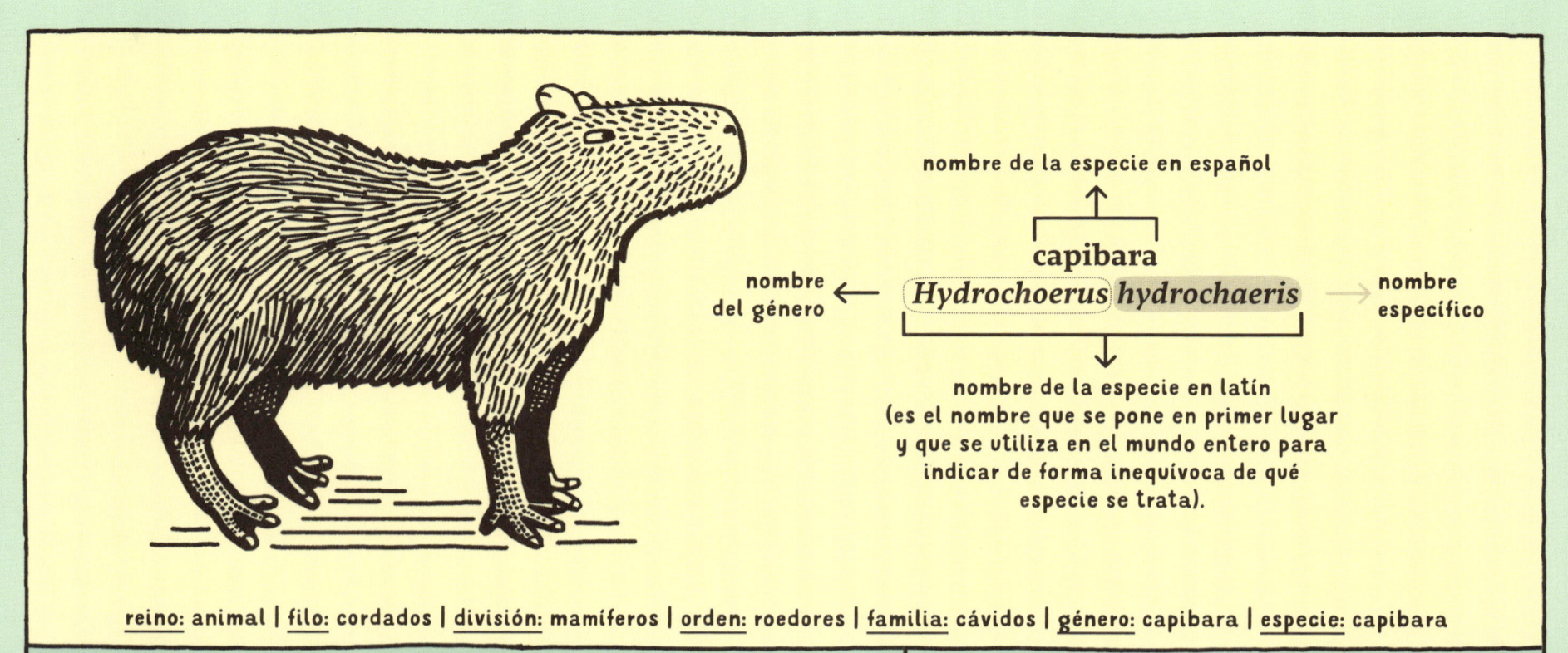

nombre de la especie en español
↑
capibara
← nombre del género *Hydrochoerus hydrochaeris* nombre específico →
↓
nombre de la especie en latín
(es el nombre que se pone en primer lugar y que se utiliza en el mundo entero para indicar de forma inequívoca de qué especie se trata).

<u>reino</u>: animal | <u>filo</u>: cordados | <u>división</u>: mamíferos | <u>orden</u>: roedores | <u>familia</u>: cávidos | <u>género</u>: capibara | <u>especie</u>: capibara

Habitualmente se suelen utilizar nombres comunes, por ejemplo, "zorro", "lobo", "capibara", sin precisar de qué especie se trata. No es raro que un animal tenga varios nombres en el mismo país y en la misma lengua.

En Perú las capibaras se suelen llamar ronsoco o samanai. En las distintas regiones y países de América del Sur existe más de una decena de nombres diferentes.

La distinción entre especies es fácil si los animales tienen un aspecto claramente diferente.

bisonte europeo
Bison bonasus

ardilla
Sciurus vulgaris

A veces los representantes de la misma especie tienen un aspecto muy diferente.

macho

hembra

pato mandarín
Aix galericulata

jaguar
Panthera onca

Puede haber distintas variedades de animales de una misma especie. Existe, por ejemplo, una variedad negra del jaguar.

A veces ocurre que dos especies distintas se parecen muchísimo entre sí.

salamandra común
Salamandra salamandra

mosquero alisero
Empidonax alnorum

salamandra de fuego corsa
Salamandra corsica

mosquero saucero
Empidonax traillii

Todos los perros pertenecen a la misma especie.

perro doméstico
Canis lupus familiaris o *Canis familiaris*

↓
La tercera palabra en latín es el nombre de la <u>subespecie</u>.

lobo
Canis lupus

Algunos científicos consideran a los perros una subespecie del lobo, otros creen que es una especie distinta.

Actualmente, para identificar las especies se suelen usar pruebas genéticas. Gracias a ellas, los elefantes africanos se han dividido en dos especies.

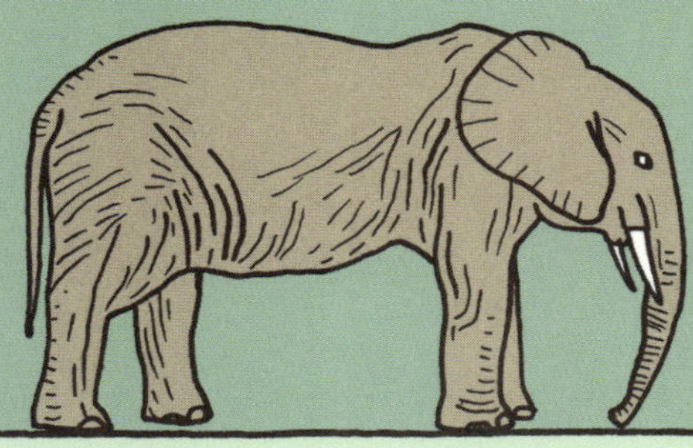

elefante africano de sabana
Loxodonta africana

elefante africano de bosque
Loxodonta cyclotis
antiguamente considerado una subespecie del elefante africano

Los elefantes están en peligro de extinción porque los cazadores furtivos los matan para vender el valioso marfil. Las pruebas genéticas permiten saber la procedencia de cada trozo de marfil y eso contribuye a parar el comercio ilegal.

La división de los animales y las plantas en especies puede ser complicada. Los científicos intentan establecer unos límites precisos, pero la realidad es, a veces, confusa.

— ¡No es una especie nueva!
— ¡Claro que lo es!

— Bla, bla, bla, bla, bla...
— Bla, bla, bla, bla, bla...

En esta tarea difícil no ayuda nada el hecho de que existan casi treinta definiciones de lo que es una especie.

Ninguna de ellas es del todo satisfactoria y aplicable a todos los seres vivos que hay en la Tierra.

Una especie es un conjunto de organismos capaz de cruzarse* y producir descendencia fértil.

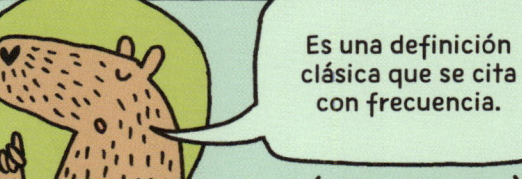

Es una definición clásica que se cita con frecuencia.

(*ver nota de la pág. 34.)

reproducción por división celular

PERO... esta definición no sirve para las bacterias y otros organismos unicelulares que se reproducen asexualmente, es decir, sin la intervención de un individuo de sexo contrario.

PERO... a veces sucede que representantes de dos especies distintas pueden cruzarse. Sus descendientes se denominan híbridos.

Muchas plantas cultivadas y decorativas, incluidas frutas y flores, son híbridas.

Una de ellas es el pomelo, cruce entre la pampelmusa y la naranja dulce.

La mayoría de los híbridos deben su existencia a la intervención humana. Las diferencias genéticas en las especies de híbridos las convierten en estériles con frecuencia, pero no siempre es así.

mula

Un ejemplo de animal híbrido creado por el hombre es la mula, cruce entre una yegua y un burro. Las mulas suelen ser estériles.

PERO... algunos híbridos son naturales, cuando se entrecruzan especies muy cercanas que habitan el mismo territorio. Su descendencia es fértil.

ligre (macho) **tigón (macho)**

gato montés **gato doméstico**

Los gatos monteses y los gatos domésticos pueden cruzarse y tener descendencia fértil. Se conocen también híbridos fértiles de oso polar y grizzly.

lobo rojo

Otros ejemplos de híbridos creados artificialmente son el ligre (cruce entre un león y una tigresa) y el tigón (cruce entre un tigre y una leona). Los machos de ligres y tigones suelen ser estériles, pero las hembras a menudo pueden tener crías.

Las recientes pruebas genéticas han demostrado que el lobo rojo es un híbrido entre lobo y coyote.

cruce de bisonte europeo y americano

PERO... existen pruebas de que en etapas muy tempranas de la evolución los grandes felinos se cruzaban de manera natural. Había casos de cruces interespecíficos entre los antepasados de leopardo y tigre o león y jaguar.

Los bisontes europeos y americanos también pueden tener descendencia fértil, aunque esas dos especies, al vivir en continentes diferentes, no coincidirían nunca sin la intervención humana.

— ¡Ja, ja! Así que no es nada fácil.
— ¿Os habéis dormido ya?

De todas formas, permitidme que acabe...

Solo quiero añadir que toda esa división en especies es muy importante.

Si no se nombraran e identificaran las plantas y los animales, el trabajo de biólogos, defensores de la naturaleza, agricultores, guardabosques, horticultores y otros especialistas sería imposible.

ZZZ...

Al día siguiente...

¡Ya hemos llegado!

La estación biológica Cocha Cashu se encuentra a orillas del lago que le da nombre.

Hace años el lago era uno de los meandros del río Manu. Con el tiempo el meandro se fue curvando cada vez más hasta que sus extremos se juntaron. El curso del río se acortó y se enderezó y el meandro se separó del cauce y se convirtió en un lago, también llamado brazo muerto.

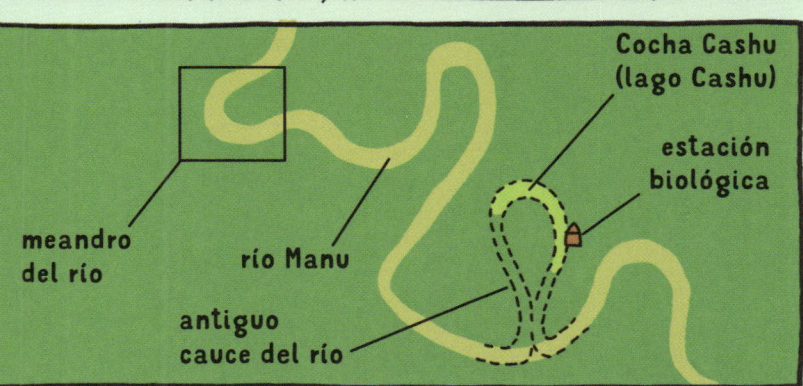

Cocha Cashu (lago Cashu)

estación biológica

meandro del río

río Manu

antiguo cauce del río

¡Buenas noches!

Al día siguiente...

¡Poneos las botas de agua y seguidme!

¡AAAAAAAAAAAAAAAY!

¿Qué ha pasado?

Oh, seguro que ha sido una hormiga.

¡Cómo duele! ¡Me muero!

Que no, todo irá bien.

Es solo una hormiga bala. En 24 horas se te pasará el dolor.

¿Tengo que esperar 24 horas?

hormiga bala
*Paraponera clavata**

Sí, lo sé. La picadura de esa hormiga es muy dolorosa. Dicen que duele como si te hubieran disparado una bala. De ahí su nombre.

Si alguien te dispara algún día, ya nos dirás si es verdad.

A estas tampoco las tocaría... Pican.

¡Oh! ¿Qué es eso?

*La hormiga del dibujo es dos veces mayor que en la realidad.

Las hormigas cortadoras cortan trozos de hojas... ... y los llevan a su nido.

Las hormigas de la especie *Atta cephalotes*, al igual que todas las hormigas cortadoras, difieren en tamaño y aspecto dependiendo de su función en el hormiguero. (Las hormigas del dibujo son dos veces mayores que en la realidad).

Las reinas jóvenes también tienen alas. Las pierden después de la fecundación.

obreras

Las obreras más pequeñas se dedican a cultivar los hongos.

Las que son algo más grandes cortan y transportan las hojas.

Las mayores, llamadas también soldados, defienden a las otras hormigas de los intrusos.

El papel del macho es fecundar a la reina.

La reina pone huevos.

Los nidos de las hormigas cortadoras son muy extensos y complicados. Tienen muchas cámaras y pueden alcanzar varios metros de profundidad.

Las hormigas son unas criadoras expertas: en su nido subterráneo cultivan hongos que les sirven de alimento. Para ello cortan en el bosque grandes cantidades de hojas (cada colonia corta unos 50 kg diarios). Una vez en el nido las desmenuzan, las mastican y alimentan con ellas los hongos.

En los "huertos" de hongos pueden aparecer malas hierbas y otros hongos. Las hormigas los eliminan inmediatamente. Para combatir el más peligroso de los hongos usan un método muy sofisticado. Las obreras están cubiertas de bacterias que producen antibióticos que matan a los intrusos. Esparcen esas sustancias por sus cultivos, como los agricultores que pulverizan los campos con herbicidas e insecticidas.

Las hormigas pequeñas que viajan sobre los trozos de hojas no permiten que ningún insecto parásito ponga sus huevos en los cuerpos de las obreras.

Las hormigas cortadoras, a diferencia de las hormigas bala, no tienen aguijones, pero pueden defenderse mordiendo con sus fuertes mandíbulas.

Cuaderno de Ula

PARQUE NACIONAL DEL MANU

- SITUADO EN LA CUENCA DEL RÍO MANU, QUE FORMA PARTE DE LA DEL AMAZONAS.
- SU PARTE OCCIDENTAL SE ENCUENTRA EN LOS ANDES. 
- LOS PASTIZALES DE LA ALTIPLANICIE DE LOS ANDES SE LLAMAN PUNA. 
- UNA GRAN PARTE DEL PARQUE ESTÁ CUBIERTA POR UN BOSQUE TROPICAL. 

Monstera obliqua
HOJA

MONSTERA DE ADANSON

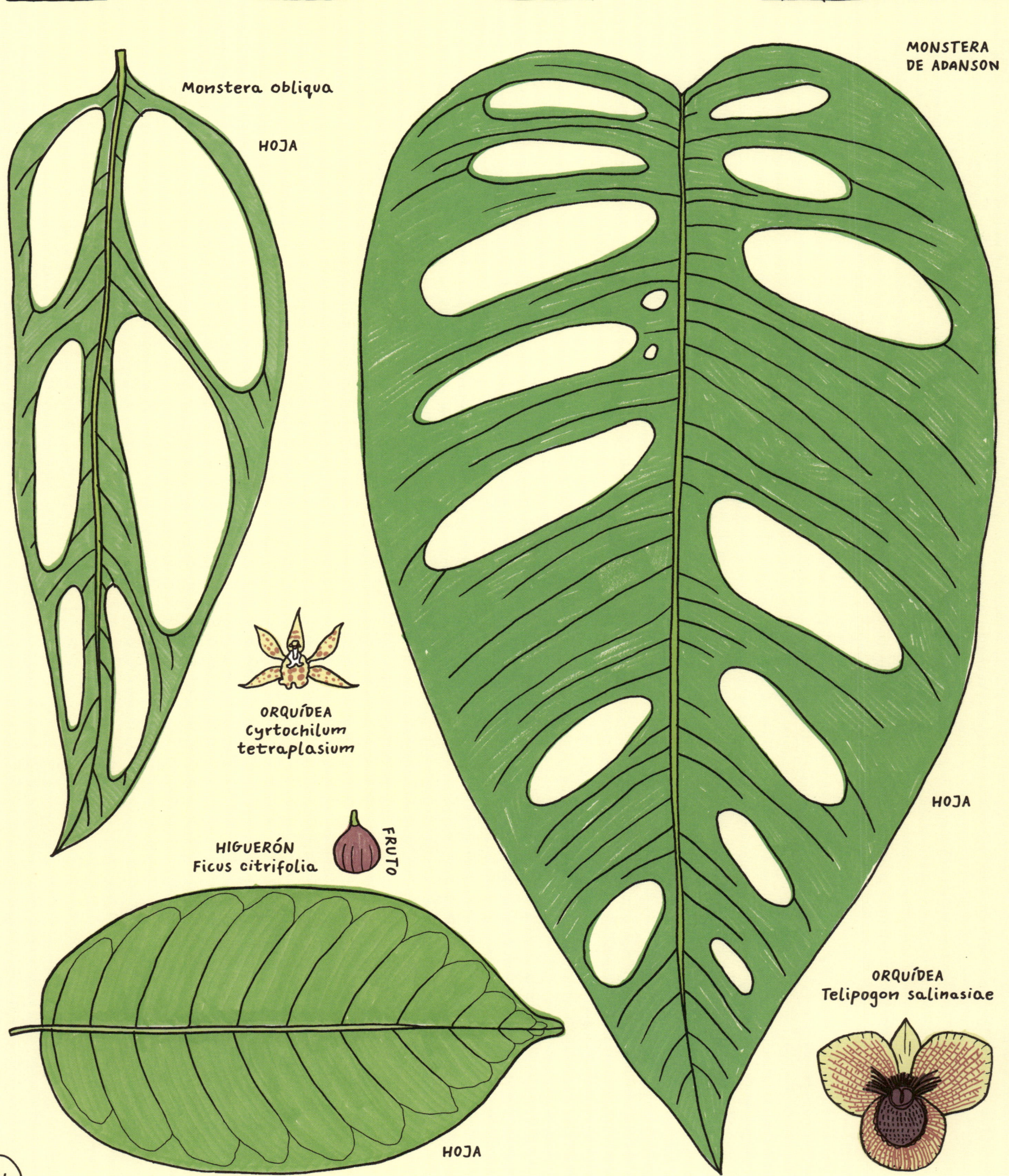

ORQUÍDEA
Cyrtochilum tetraplasium

HIGUERÓN
Ficus citrifolia
FRUTO

HOJA

HOJA

ORQUÍDEA
Telipogon salinasiae

44

GRANADILLA DE OLOR
Passiflora nitida

CEIBA

HOJA

NUEZ DE BRASIL (SEMILLA DE Bertholletia Excelsa)

NUEZ DE BRASIL DENTRO DE SU CÁSCARA

GRANADILLA DE MONTE
Passiflora coccinea

Bertholletia excelsa

HOJA

FRUTO DE Bertholletia excelsa

45

Días más tarde... — Me voy a unir al grupo de búsqueda. Aquí os quedáis.

¡No os perdáis!

Una hora más tarde.

¿Qué...?

¡Hola! ¿Tú eres Henri?

¿Qué quieres? Que se me escapa la mariposa...

¿Qué haces tú aquí? ¿Sabes que todos te están buscando?

¡No me digas! Pero si yo no me he perdido.

Ya... Pero nadie te ha visto en dos semanas.

¡Mirad! Estoy seguro de que es una especie nueva.

Ya, ya... Claro...

Tras una semana... ¡Hola!

Una carta para el bisonte y la ardilla.

- ¡Qué raro! Pero si nadie sabe que estamos aquí.
- ¿De Dakota? Pero...
- ¿CÓMO SABÍA QUE...?

PRRR ÑAM GRR CHAS TAP, TAP CRAC

- Será mejor que nos vayamos ya a la China esa...

Cuaderno de Ula

CHINA — PARQUE NACIONAL DE JIUZHAIGOU
OCÉANO PACÍFICO
PARQUE NACIONAL DEL MANU — PERÚ

Provincia de Sichuan, China.

Entrada al Parque Nacional de Jiuzhaigou.

PARQUE NACIONAL DE JIUZHAIGOU

★ CHINA ★ SUPERFICIE: 720 km² ★ CREADO EN 1982 ★

Se lee Yuyaigou

No veo aquí ningún panda...

lago Chang

goral gris

cuón

panda rojo

panda gigante

manul

macacos Rhesus

cataratas Nuorilang

picoloro de anteojos

faisán orejudo azul

48

49

—¿Y estos quiénes son?
—Unos extranjeros.
—¿Será un yak?
—No... Tal vez es un takín.
—Chist... No vaya a ser que nos oigan.

—¡Qué lugar más bonito!

—Se está haciendo de noche. No creo que lo encontremos hoy.
—¿A quién no vais a encontrar?
—¿Eres un zorro? Pareces un mapache rojo.
—Soy un panda rojo.

—¿Un pequeño panda?
—No pareces un panda.
—Lo sé, yo no me he puesto ese nombre. Pero, en realidad, bautizaron así a mi especie mucho antes que a la del panda gigante.
—Nosotros somos los primeros pandas.

panda gigante
Ailuropoda melanoleuca

panda rojo
Ailurus fulgens

Cuando en la segunda mitad del siglo XIX los científicos describieron por primera vez el panda gigante, lo incluyeron en la misma familia a la que pertenecemos nosotros. Lo hicieron basándose en algunas similitudes.

Además, tenemos un "sexto dedo" que nos ayuda a hacerlo.

¿Un sexto dedo?

Por ejemplo, tanto a los pandas gigantes como a nosotros nos encanta hartarnos de bambú.

Bueno, en realidad no es un dedo sino un hueso, pero nos ayuda a agarrar la comida como si fuera una especie de pulgar.

Desde entonces, y durante más de cien años, los científicos estuvieron discutiendo si éramos primos y si estábamos emparentados con los mapaches o más bien con los osos.

Finalmente, las pruebas genéticas demostraron que nosotros, los pandas rojos, somos muy especiales y no tenemos ningún pariente vivo. Simplemente, somos únicos en nuestra especie.

Y el panda gigante no es más que un oso.

¡Bah! ¡Vaya descubrimiento! Yo he visto enseguida que no sois de la misma familia. No os parecéis en nada.

¿Nos conocemos?

En fin... ¿A quién buscáis?

Al panda Min Min.

Nunca he oído hablar de él.

No me digas...

¿Dónde estarán esos pandas? Llevamos todo el día andando y no hemos visto ninguno.

¡Normal! No es fácil encontrar un panda gigante.

Además, últimamente no vienen mucho por aquí.

¡Pues qué bien!

Están empezando a regresar ahora que el bambú ha vuelto a crecer.

¿Cómo que ha vuelto a crecer?

Sí... Tengo que reconocer que cuando de repente desapareció nosotros también lo pasamos mal.

El bambú es una planta muy misteriosa.

Vaya, otro sabihondo local...

En el mundo existen más de 1.500 especies de bambú. La mayoría vienen de Asia, pero en todos los continentes, excepto en Europa y en la Antártida, hay especies autóctonas. Algunas alcanzan 30 metros de alto y sus leñosos tallos recuerdan los troncos de los árboles. Los bambúes pueden llegar a crecer muy rápido. El récord lo tienen algunos que crecen más de 90 cm al día.

Con el bambú ocurre algo muy curioso: un gran número de plantas de la misma especie florece al mismo tiempo en todo el mundo. Son las que proceden de la misma "planta madre": una estaca separada de un bambú chino y plantada en Europa florecerá al mismo tiempo que el resto de su bosque de origen. Esa floración masiva ocurre en intervalos de tiempo muy grandes, distintos en las diferentes especies. La mayoría de las especies florece cada 15-60 años, aunque los hay que esperan incluso 120 años.

Es el bambú dragón, el mayor del mundo. Procede del sudeste asiático.

gaur

flor
tallo
brote nuevo
rizoma

En los períodos entre las floraciones las plantas de bambú se expanden a través de rizomas subterráneos. Gracias a ellos pueden llegar a ocupar grandes superficies de terreno. Después de la floración masiva y del desarrollo de las semillas mueren. De esa manera desaparecen al mismo tiempo bosques enteros.

En esos casos, los pandas gigantes, que se alimentan sobre todo de bambú, tienen que trasladarse a otro lugar en busca de comida.

Donde había bosques de bambú hay hoy campos de cultivo, por ello el traslado no siempre es posible.

La gente utiliza el bambú de muchas maneras: como alimento, como material para construir casas, puentes o andamios, para fabricar instrumentos musicales, medicinas, ropa, papel, muebles y objetos de uso cotidiano, y también como combustible y pienso para animales. En algunas partes del mundo la vida de comunidades enteras está estrechamente ligada al bambú. Su floración se considera una señal de mal agüero, porque poco después, en todo un terreno dominado por una especie, las flexibles cañas se convierten, hasta donde alcanza la vista, en una espesura de palos secos.

En las regiones en las que la obtención de bambú es la principal fuente de ingresos de los habitantes, la muerte de los bosques y de las plantaciones es una verdadera catástrofe. Las plantas, antes de morir, producen grandes cantidades de semillas que atraen ejércitos de ratas. Las ratas transmiten enfermedades y devoran las cosechas, y la gente, privada de su medio de vida, pasa hambre.

Cuando las plantas de bambú del parque de Jiuzhaigou florecieron y empezaron a morir, los pandas abandonaron el lugar. Se adentraron en las montañas Min que rodean el parque, donde tenían a su disposición otras especies de bambú.

—¿Y dónde encontraremos a Min Min?

—Pero el bambú ha crecido de nuevo. Igual los pandas vuelven...

—No tengo ni idea. Id a las montañas.

—¿En qué dirección?

—La que queráis.

—¡Vamos de mal en peor!

—¿Por qué no nos quedamos un par de días en este valle? Es muy bonito. Así descansamos un poco.

—Y después iremos a las montañas a buscar a Min Min y a Dakota.

—Buena idea...

—Aunque... ¿crees que será seguro por la noche?

Ya de día...

—Buenos días. Os traigo el desayuno.

—¿Eh?

—Muy amable por tu parte.

—Probaré esta fruta.

—Es espino amarillo.

—¡No está mal este bambú!

—Voy a echar un vistazo.

—¡Qué rico!

—¿Quién eres?

—Soy un takín. Me llamo Tao Tao.

—¿Os puedo ayudar en algo? Soy guía profesional.

—¿Queréis ver los alrededores?

—¿Por qué estos lagos son tan azules?

—¡Claro que sí!

— Uff... Es una larga historia.
— Hace tiempo, en el lugar donde estamos ahora, había un mar.

En aquella época, hace unos 400 millones de años, en el devónico, en los mares y los océanos vivían muchas criaturas prehistóricas.

Durante millones de años restos de los animales marinos fueron depositándose en el fondo. Con el tiempo, esos restos formaron una espesa capa de roca caliza.

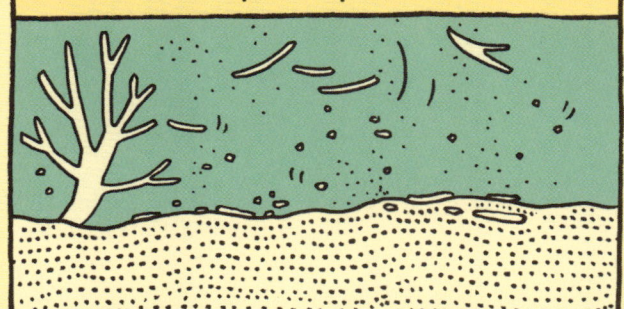

Hace decenas de millones de años una gran isla (lo que es hoy la península del Indostán) chocó contra Asia y se unió a ella, levantando las montañas y las mesetas. Las rocas sedimentarias que antes cubrían el fondo marino pasaron a ser las montañas.

Asia
Península del Indostán
montañas que emergen
Asia

— Ajá. O sea, tenemos una gran cordillera. ¿Y el valle, de dónde ha salido?
— Después llegó un invierno requetesuperlargo y superfrío.
— Y cubrió la tierra con una gruesa capa de nieve y hielo.

En el período glacial (ver la pág. 22), cuando el clima en la Tierra se enfrió, las altas montañas estaban siempre cubiertas de nieve. Esta nieve se acumuló durante años y con el tiempo se convirtió en hielo compacto y formó glaciares.

Un glaciar es una enorme masa de hielo que se va desplazando lentamente. Bajo el peso de las capas superiores, la inferior se derrite y el glaciar se desliza por la ladera.

La masa de hielo en movimiento pesa tanto que mueve y quiebra las rocas. Cuando el clima se calienta el glaciar se derrite y deja tras de sí unos profundos valles de montaña.

nieve
glaciar

paisaje antes de la acción del glaciar
valle esculpido por un glaciar

— Es así como se formó el valle Jiuzhai.
— Tened en cuenta que todo eso duró miles de años. La mayoría de los glaciares ahonda los valles apenas unos milímetros al año.
— Desde entonces el paisaje de este lugar no para de cambiar. Lo van transformando el agua que corre, los terremotos y los desprendimientos de rocas.
— Ay, otra vez los terremotos...

¿Cómo?

Nada, nada...

Pues no me interrumpas.

Los lagos están llenos de carbonato de calcio disuelto en el agua, que proviene de las rocas. ¿Os acordáis? Son esas rocas formadas por criaturas marinas.

El carbonato de calcio se va sedimentando y con los años forma nuevas rocas. A veces crea barreras que dividen el río en una serie de lagos.

En otros lugares da origen a cascadas y forman presas naturales por las que se precipita el agua.

A veces los sedimentos configuran unas formas extrañas. El lago del Dragón Dormido, por ejemplo, debe su nombre a la capa de sedimentos que recuerda a un dragón tumbado en el fondo.

Volviendo a vuestra pregunta: los lagos son tan azules porque la luz del sol se dispersa en el agua rica en carbonato de calcio y se refleja en los claros sedimentos del fondo.

Además, en el agua hay bacterias y algas que le dan diferentes colores.

Al día siguiente.

Dos días más tarde.

fiu fiu fiu

¡Oh, un bisbita!

Tras una semana...

¿Qué planes tenéis?

Ya me he cansado de descansar.

¿Te suena el panda Min Min?

No.

¡Ay!

Tenemos que encontrarlo.

Hum... Id a las montañas.

¿En qué dirección?

La que queráis.

Ajá.

Cuaderno de Ula

PARQUE NACIONAL DE JIUZHAIGOU

- ESTÁ SITUADO EN LAS MONTAÑAS MIN, EN LA MESETA DEL TÍBET.
- SE COMPONE DE TRES VALLES QUE TIENEN FORMA DE Y. 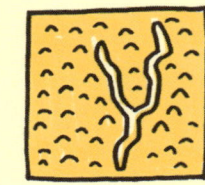
- ALBERGA 114 LAGOS 
- Y NUEVE ALDEAS TIBETANAS. 

KATSURA

MADRESELVA
Lonicera tragophylla*

PEONIA DE VEITCH*

ÁLAMO CHINO

ARCE PINTADO
Tetracentron sinense

LIRIO DE DAVID*

BROTE

*LAS FLORES LAS DIBUJÉ SEGÚN EL LIBRO QUE ME HABÍA REGALADO EL TAKÍN TAO TAO. FLORECEN EN VERANO Y NOSOTROS ESTUVIMOS EN JIUZHAIGOU EN OTOÑO.

LIRIO DE DÍA
Hemerocallis plicata*

CEFALOTAXO
DE FORTUNE

PICEA
DE DRAGÓN

TEJO CHINO

ALERCE
Larix potaninii

BAMBÚ
Fargesia nítida

PIÑA DE PINO
DE MANCHURIA

PINO DE
MANCHURIA

Al día siguiente.
¿Dónde se habrá metido Filip?
Igual ha encontrado ya a Min Min.
Dos días más tarde.
A la semana...
Dos semanas más tarde.
Ya no puedo más...
¡Un panda!
¡Espera!
Eh...
Shhh....

— ¡Eh, espera!

— Estamos buscando al panda Min Min.
— Soy yo...
— ¡Hurra!

— ¡Qué alegría! ¡Por fin! Encantada de conocerte.
— Mi prima Dakota me dijo que iba a pasar un tiempo contigo.
— ¿Dakota? La última vez que la vi fue hace unos años.

— ...
— Perdón, tengo que comer algo.
— ¿Eh? ¿Cómo? ¿Que Dakota no está aquí?
— No.

— ¡Pero si nos ha enviado esta carta!
— Anda, es verdad. Pero no ha aparecido por aquí.

— ¿Y si le ha pasado algo?
— Min Min, ¿y si...?

—¿Min Min?

—He leído que los pandas se pasan 14 horas diarias comiendo.

—¡Ajá! Min Min parecía hambriento.

—Y el resto del día se lo pasan durmiendo.

El panda gigante se alimenta casi solo de bambú. Sin embargo, su aparato digestivo, heredado de antepasados carnívoros, no está adaptado para digerir bien las plantas. Por eso, para obtener suficiente energía y sustancias nutritivas, tiene que comer más de diez kilos de vegetales al día.

Debido a esa dieta de bambú el panda no hiberna como otros osos. Para sobrevivir no puede parar de comer. Es incapaz de acumular suficiente tejido graso como para aguantar todo el invierno sin moverse. Afortunadamente no tiene que hacerlo: el bambú permanece verde todo el año.

Hay muchos animales a los que les pasa algo parecido. Las plantas no se digieren fácilmente. Hay que comer mucha cantidad para obtener suficiente energía. Por eso los herbívoros, incluso los mejor adaptados, se pasan el día comiendo. Y también defecando, porque no asimilan gran parte del alimento.

La carne es más fácil de digerir y asimilar. Llena más y proporciona mucha energía. Por eso los carnívoros pueden comer menos y con menor frecuencia, incluso una vez cada varios días.

—Un panda puede hacer caca hasta 40 veces al día.

—¡Oh!

Las cacas son a menudo la única huella que se puede ver entre la espesura de bambúes. No es fácil encontrar pandas en su hábitat natural. Son animales que viven en inaccesibles bosques de montaña. Por eso, durante muchos años, se sabía muy poco de ellos.

Hasta la segunda mitad del siglo XIX poca gente más allá de las fronteras de la China sabía de su existencia. Pasaron aún varias décadas hasta que el mundo los conoció y se enamoró de ellos. Esa fascinación, que dura hasta hoy, empezó en 1936 con Su Lin, el primer panda que abandonó su patria. Lo llevaron a los Estados Unidos, donde acabó en un zoológico de Chicago.

Ruth Harkness fue la primera en sacar a un panda de China.

Su Lin

En la segunda mitad del siglo XX el futuro de la especie se vio amenazado. La caza furtiva y la tala de los bosques diezmaron la población de los pandas en libertad y los intentos de reproducción en cautividad tuvieron muy poco éxito.

Hola.

Paso.

An An   Chi Chi

La hembra Chi Chi y el macho An An se vieron dos veces. La primera en el zoológico de Moscú, la segunda en el de Londres.

El primer panda que llegó al mundo en un zoo fue Ming Ming, nacido en Londres en 1963. Hoy en día los nacimientos de ese tipo son mucho más frecuentes, pero siguen siendo un gran acontecimiento que llama mucho la atención.

Los pandas recién nacidos son minúsculos, ciegos y están cubiertos de un suave vello.

aprox. 16 cm
100 g
40 kg
100 kg

panda de un año   panda adulto

En China los pandas están considerados patrimonio nacional. Las autoridades chinas los utilizaron a menudo como un valioso regalo que ofrecían a otros países en señal de amistad o para mejorar las relaciones. De esa manera los pandas han llegado a parar a zoológicos del mundo entero.

Hoy los pandas ya no se regalan, sino que se ceden en préstamo por muchos años a zoológicos de otros países. Siguen siendo propiedad de China, al igual que sus crías nacidas en el extranjero.

En 1988 solo quedaban 1.114 pandas en libertad. Afortunadamente, gracias a la creación de numerosas reservas de pandas gigantes y a los esfuerzos de ecólogos y científicos su población ha ido aumentando. Hoy quedan menos de 2.000 pandas, pero la especie ya no se considera en peligro crítico de extinción.

China
provincia de Gansu
provincia de Shaanxi
hábitat del panda gigante
provincia de Sichuan
Parque Nacional de Jiuzhaigou

¡Oh, una carta de Dakota! ¡Menos mal!

¿Eh?

¿Quién la ha traído?

¿Explica por qué no está aquí?

— La razón es muy simple: "Por casualidad he aterrizado en Kazajistán".

— ¿Simple? ¿A ti te parece simple?

— ¿Cómo se puede aterrizar en un lugar por casualidad?

— "¿Os apetece pasar el invierno conmigo en Groenlandia?"...

— ¡Kuba! Puede ser una aventura fantástica.

— Esa Dakota está como una regadera. ¿Groenlandia? ¿En invierno?

— No.

— Brrr...

— Creo que sabe lo que hace.

— No me apetece estar en Groenlandia ni siquiera en verano.

— ¡Bah! ¿Tú crees que alguien que "aterriza por casualidad en Kazajistán" sabe lo que hace?

— Bueno, vale, iremos...

— ... pero a condición de que primero pasemos por un sitio donde haga calor de verdad.

— Creo que tengo una idea...

— Mejor busquemos a Filip...

Cuaderno de Ula

OCÉANO ATLÁNTICO

OCÉANO PACÍFICO

CHINA — PARQUE NACIONAL DE JIUZHAIGOU

NAMIBIA — PARQUE NACIONAL DE NAMIB-NAUKLUFT

Camino a Sesriem, Namibia

Parque Nacional de Namib-Naukluft

★ NAMIBIA ★ SUPERFICIE: 49.768 km² ★ CREADO EN 1979 ★

- gacela saltarina
- ostrero negro africano
- buitre orejudo
- víbora de Peringuey
- órice del Cabo
- geco de patas palmeadas
- topo dorado de Grant

hiena parda

camaleón de Namaqua

jirafa de Rodesia

babuino Chacma

Welwitschia mirabilis

avestruz

escorpión Parabuthus villosus

Montañas Naukluft

estación científica Gobabeb

hiena manchada

cebra de montaña

lobo de tierra

tejedor republicano

alondra de las dunas

rinoceronte negro

lagartija de hocico de pala

sisón de Damaraland

leopardo

escarabajo Onymacris unguicularis

— ¿Quién es nuestro guía?

— No lo sé. Solo tengo las coordenadas GPS.

— Espero que no sea un leopardo...

— ... o una hiena...

nido de tejedores republicanos

— Es aquí...

— ¿Es un hotel o algo así?

— Hum... Estoy impresionado.

— Bienvenidos. Soy un tejedor. Me llamo Omumbonde. Os voy a enseñar toda esta zona.

15 minutos después.

Cañón de Sesriem

Nunca he visto una arena tan roja...

La arena del desierto del Namib tiene hierro, este se oxida con el tiempo, como los objetos de acero, una aleación de hierro y carbono.

Ocurre a causa de la humedad que hace que el hierro se convierta en óxido de hierro.

Entonces, como el óxido de hierro es el componente principal de la arena, esta aparece con ese color rojizo característico.

Deadvlei (Pantano Muerto)

Ya no puedo más...

¿Y todos esos troncos secos?

Hace siglos, cuando llovía mucho las aguas del río Tsauchab llegaban hasta aquí.

Más tarde, el lugar fue aislado por dunas y el río cambió su curso. Por eso los árboles se secaron.

En un entorno más húmedo se habrían desintegrado hace tiempo, pero aquí el clima es demasiado seco.

El Tsauchab es un río efímero. Trae agua pocas veces y por poco tiempo, cuando ha llovido intensamente en las montañas Naukluft.

El río ha esculpido el cañón Sesriem por el que hemos pasado. A veces, como hacía en tiempos, el agua llega hasta el Sossusvlei, una cuenca seca cubierta de arcilla blanca, no lejos de aquí.

Sossusvlei — río Tsauchab — cañón Sesriem y montañas Naukluft

Deadvlei

El desierto del Namib, que ocupa en parte el parque de Namib-Naukluft, es uno de los lugares más secos del mundo donde la lluvia es un fenómeno muy raro que tarda meses en llegar, a veces incluso un año.

Esto quiere decir que si colocáramos allí un vaso, el agua que caería en él en un año no llenaría ni una cuarta parte.

En la parte más seca del desierto, en la costa oceánica, caen únicamente entre 2 y 20 milímetros de lluvia al año.

menos de dos centímetros de agua al año

68

Para comparar, en los lugares más húmedos del mundo caen casi 12.000 milímetros de agua al año. Para recoger toda esa agua, el vaso tendría que tener cerca de 12 metros de altura, el equivalente de cuatro pisos. Los sitios más lluviosos se encuentran en Colombia y en la India.

Mawsynram, India →
11.871 milímetros

La precipitación media anual en España es de 628 mm.

— Yo ya tengo que volver. No me hacen gracia las dunas. Esperad aquí. Mañana os recogerá Etengu.

— ¿Cómo? ¿Nos dejas aquí solos?

Al día siguiente.
— Aquí no hay nadie.

— ¿Y si Etengu es una hormiga pequeña y por eso no lo vemos?

— ¿Etengu? ¡Hola!

Una hora más tarde.
— ¡Vámonos!
— ¿Hacia dónde?

— ¿Qué te parece hacia allá?
— Menos mal que aún nos queda mucha agua...

— ¿Hemos hecho bien?
— Andar, andar, andar...
— No.

— Y eso que tenemos un GPS.

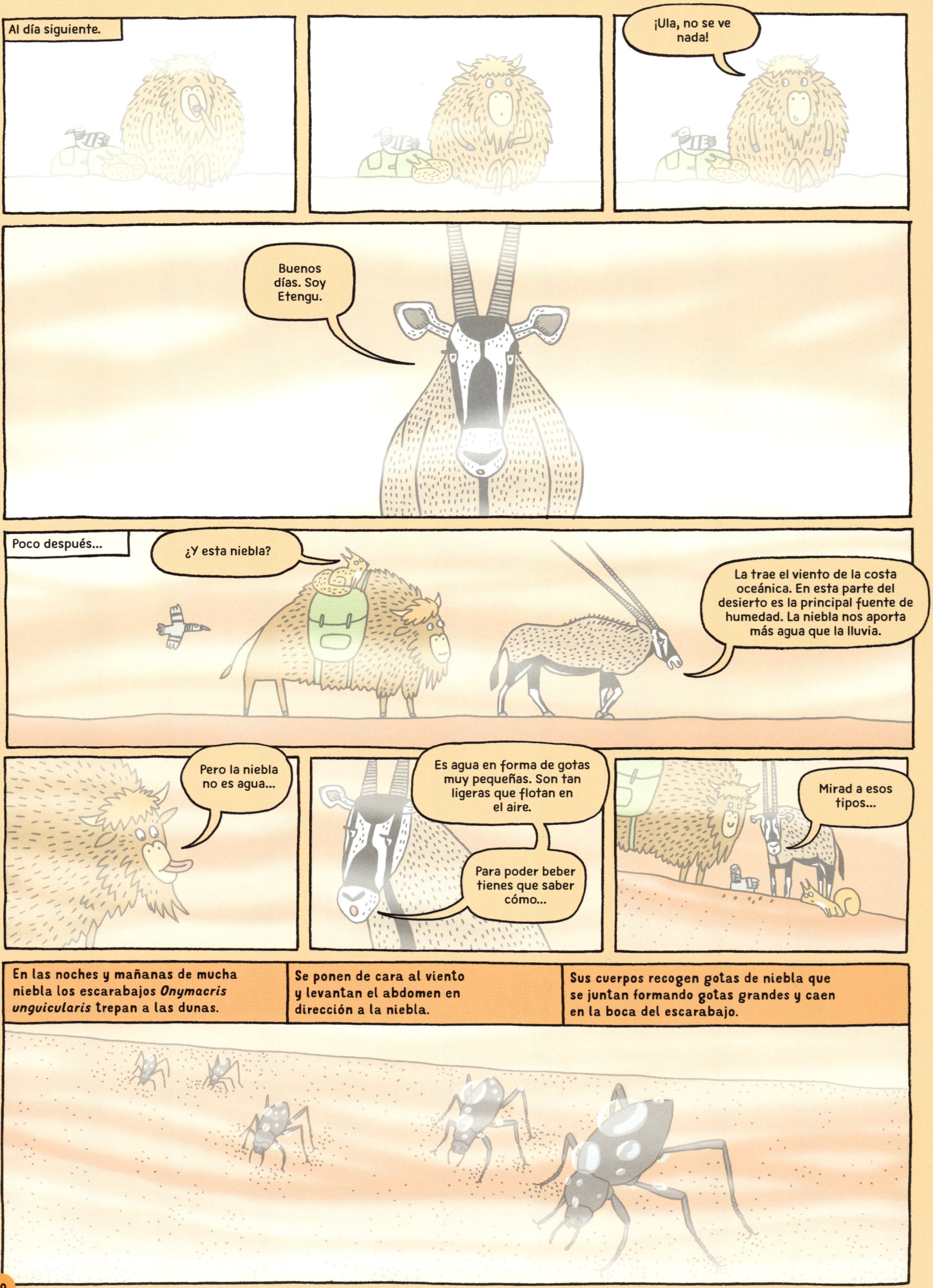

Al día siguiente.

¡Ula, no se ve nada!

Buenos días. Soy Etengu.

Poco después...

¿Y esta niebla?

La trae el viento de la costa oceánica. En esta parte del desierto es la principal fuente de humedad. La niebla nos aporta más agua que la lluvia.

Pero la niebla no es agua...

Es agua en forma de gotas muy pequeñas. Son tan ligeras que flotan en el aire.

Para poder beber tienes que saber cómo...

Mirad a esos tipos...

| En las noches y mañanas de mucha niebla los escarabajos *Onymacris unguicularis* trepan a las dunas. | Se ponen de cara al viento y levantan el abdomen en dirección a la niebla. | Sus cuerpos recogen gotas de niebla que se juntan formando gotas grandes y caen en la boca del escarabajo. |

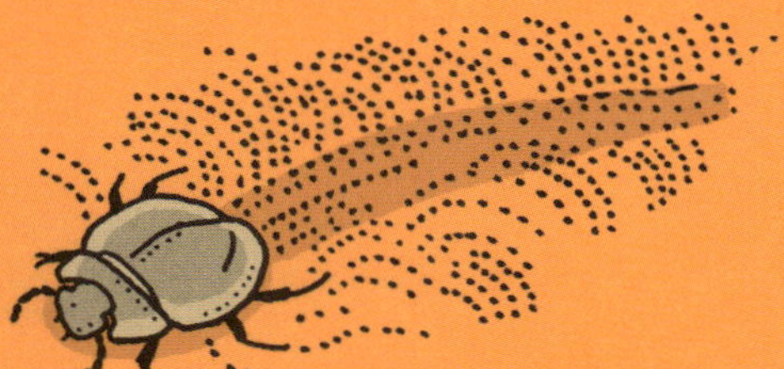

Los escarabajos *Lepidophora discoidalis* cavan zanjas en la arena y liban las gotas de agua procedente de la niebla que se van acumulando en los bordes.

En lugar de enfriarse sudando, el organismo del órice del Cabo se calienta con las altas temperaturas hasta los 42°C y así no pierde agua.

La lagartija de hocico de pala liba la humedad de la niebla que se acumula sobre las plantas. En el interior de su cuerpo tiene una vejiga especial donde almacena reservas de agua.

Cuando la arena le resulta demasiado caliente, la lagartija se apoya sobre la cola y levanta dos patas a los lados opuestos del cuerpo: una delantera y una trasera.

Al cabo de un rato las baja y levanta las otras dos. De esta manera las va enfriando.

¿CÓMO VIVIR
sin agua y con el calor del desierto?

Cuando eso no es suficiente se zambulle en la arena a una profundidad de decenas de centímetros y allí espera a que baje la temperatura.

Los babuinos Chacma que viven en el cañón de Kuiseb pueden sobrevivir muchos días sin agua. Toman baños de arena usando una arena más fresca que excavan a cierta profundidad.

El camaleón de Namaqua cambia de color para controlar la temperatura de su cuerpo. Cuando quiere calentarse se vuelve más oscuro para absorber mejor los rayos solares.

Cuando hace calor se pone de un color más claro que refleja la luz y gracias a eso se calienta más despacio.

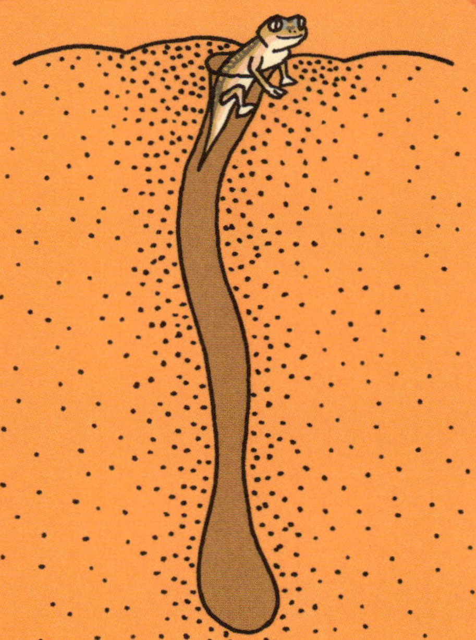

El geco de patas palmeadas se pasa el día entero en un agujero excavado en la arena. Espera hasta la noche, cuando hace más fresco, para salir a cazar insectos.

Cuaderno de Ula

PARQUE NACIONAL DE NAMIB-NAUKLUFT

- SE EXTIENDE A LO LARGO DE LA COSTA ATLÁNTICA.
- LA MAYOR PARTE DE SU SUPERFICIE ES UN DESIERTO DE ARENA. 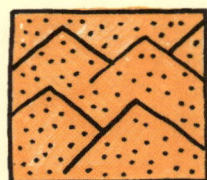
- SUS DUNAS SON DE LAS MÁS ALTAS DEL MUNDO. 
- EN EL NORTE ENCONTRAMOS LLANURAS KÁRSTICAS. 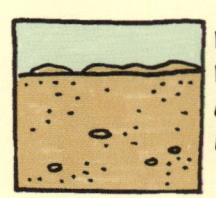

Acanthosicyos horridus MELÓN LLAMADO NARA

FRUTO COMESTIBLE

El *Acanthosicyos horridus* NO TIENE HOJAS.

Tribulus terrestres O ABROJO

Boscia albitrunca O ÁRBOL DE LOS PASTORES

Vachellia erioloba O ESPINA DE CAMELLO

EN DEADVLEI SE ENCUENTRAN ÁRBOLES SECOS DE ESA ESPECIE.

Hoodia currorii PLANTA SUCULENTA

72

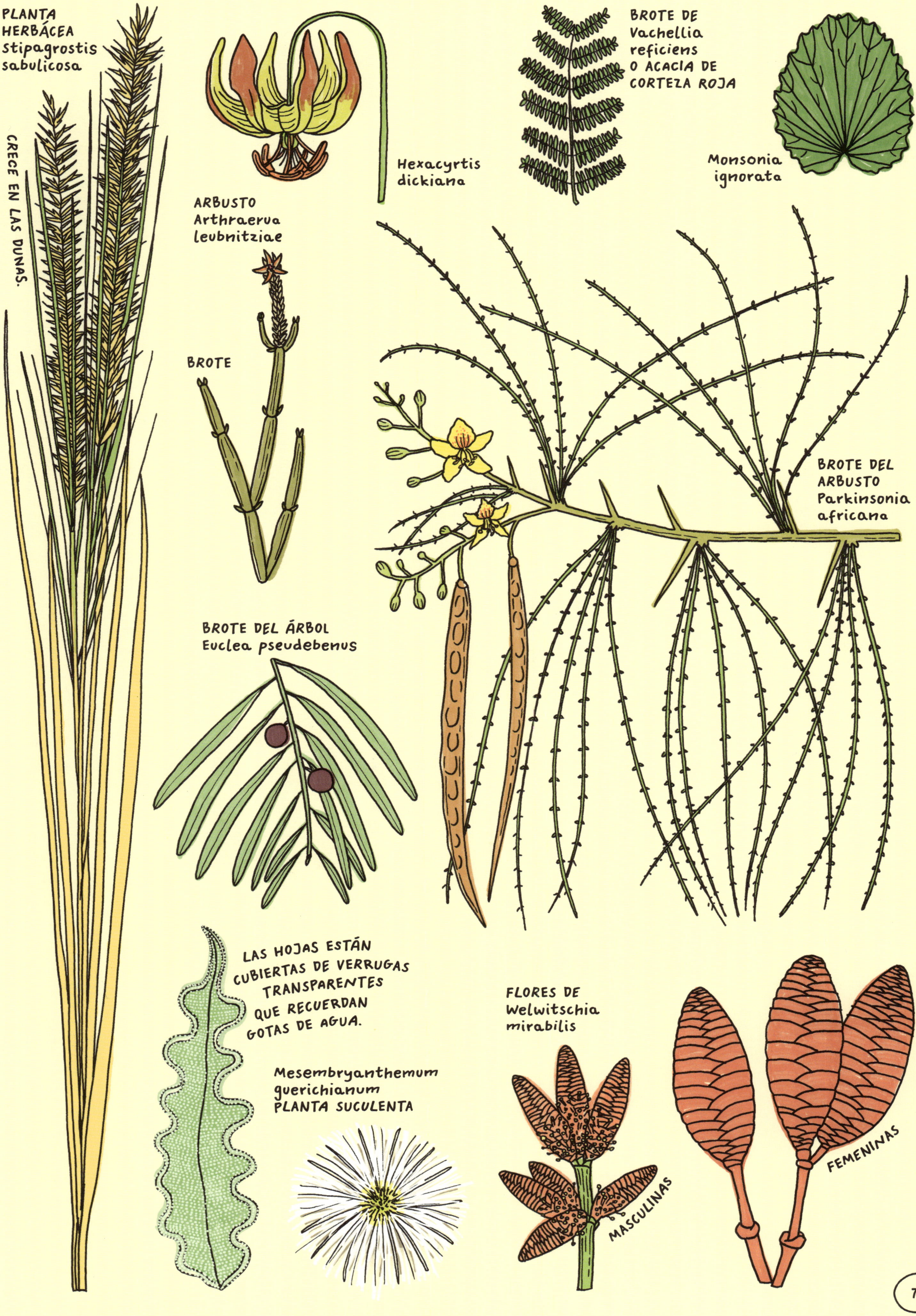

PLANTA
HERBÁCEA
Stipagrostis
sabulicosa

CRECE EN LAS DUNAS.

Hexacyrtis dickiana

ARBUSTO
Arthraerua leubnitziae

BROTE

BROTE DE
Vachellia
reficiens
O ACACIA DE
CORTEZA ROJA

Monsonia ignorata

BROTE DEL
ARBUSTO
Parkinsonia
africana

BROTE DEL ÁRBOL
Euclea pseudebenus

LAS HOJAS ESTÁN
CUBIERTAS DE VERRUGAS
TRANSPARENTES
QUE RECUERDAN
GOTAS DE AGUA.

Mesembryanthemum
guerichianum
PLANTA SUCULENTA

FLORES DE
Welwitschia
mirabilis

MASCULINAS

FEMENINAS

73

Días más tarde.

Sé cómo te sientes...

Lo que veis no son más que dos hojas desgarradas por el viento.

Crecen sin parar y pueden alcanzar incluso los seis metros de longitud.

Estas plantas son muy viejas. Probablemente algunas tienen más de 2.000 años.

El agua de la niebla se va depositando sobre las hojas. Después va bajando por ellas y se filtra en la tierra. De allí la absorben las raíces.

Para que una Welwitschia florezca se deben dar más de 38°C.

No puede ser...

¿Qué? ¿En serio?

Welwitschia mirabilis

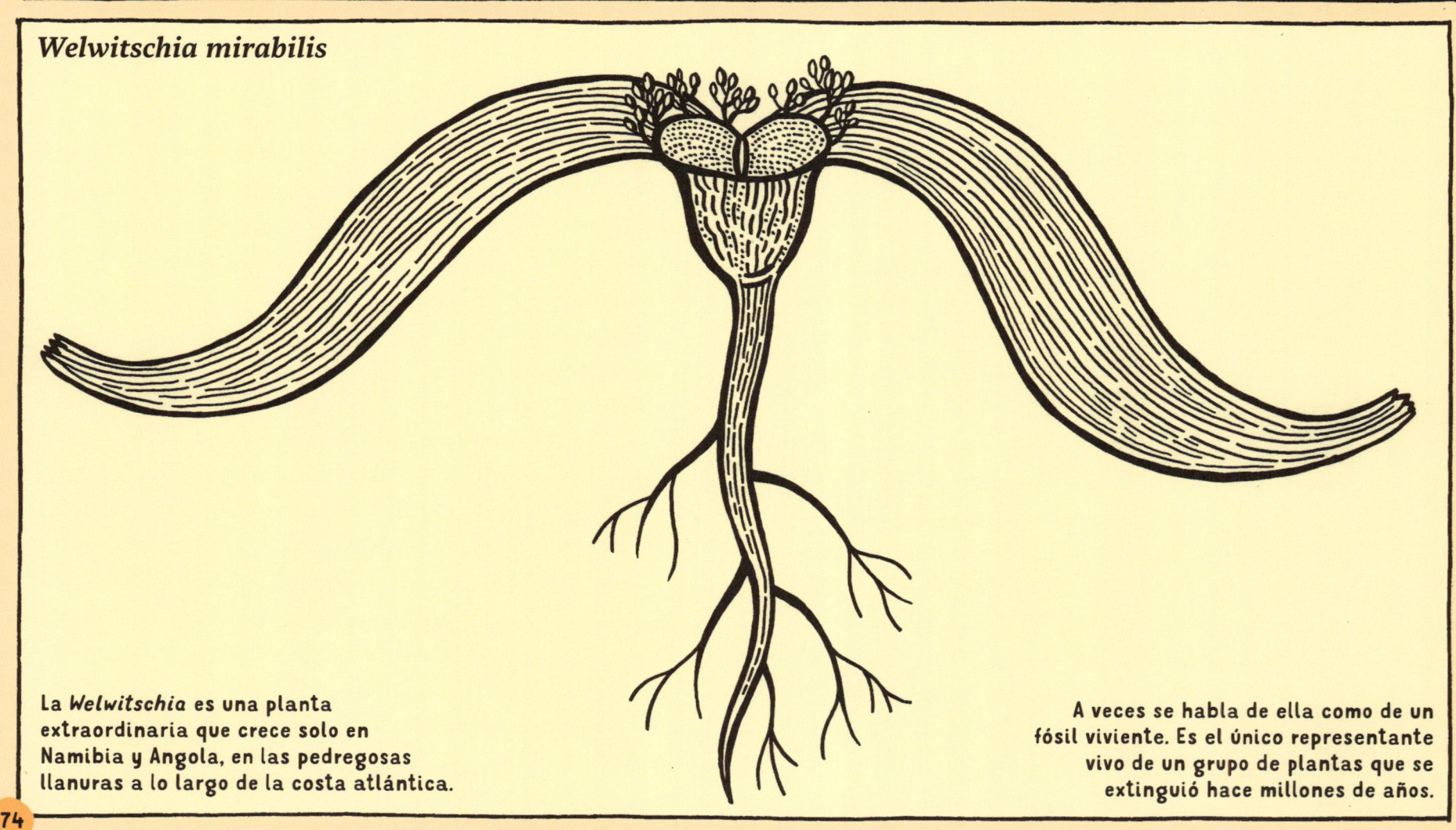

La *Welwitschia* es una planta extraordinaria que crece solo en Namibia y Angola, en las pedregosas llanuras a lo largo de la costa atlántica.

A veces se habla de ella como de un fósil viviente. Es el único representante vivo de un grupo de plantas que se extinguió hace millones de años.

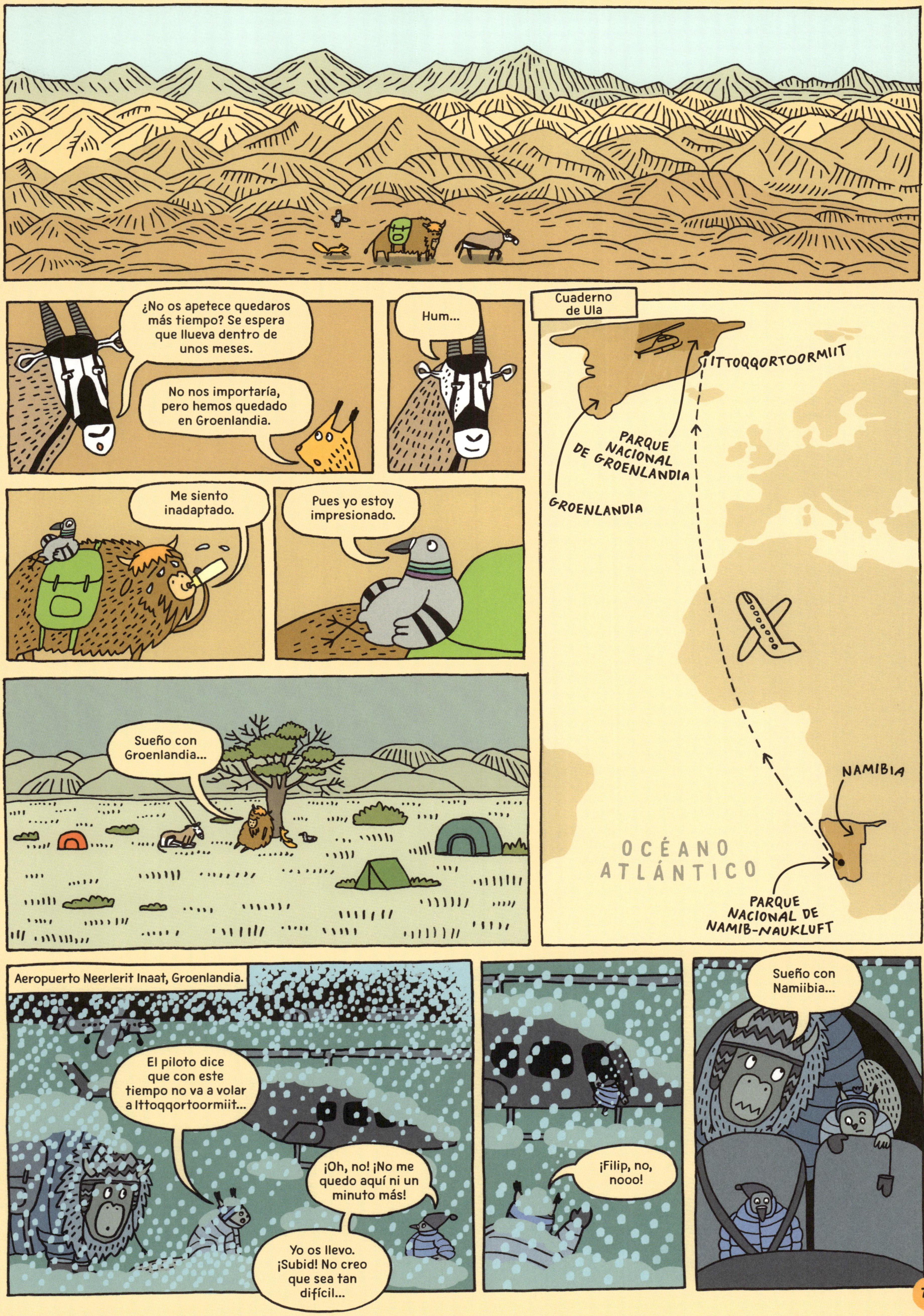

— ¿No os apetece quedaros más tiempo? Se espera que llueva dentro de unos meses.
— No nos importaría, pero hemos quedado en Groenlandia.
— Hum...

Cuaderno de Ula

ITTOQQORTOORMIIT
PARQUE NACIONAL DE GROENLANDIA
GROENLANDIA
NAMIBIA
OCÉANO ATLÁNTICO
PARQUE NACIONAL DE NAMIB-NAUKLUFT

— Me siento inadaptado.
— Pues yo estoy impresionado.

— Sueño con Groenlandia...

Aeropuerto Neerlerit Inaat, Groenlandia.
— El piloto dice que con este tiempo no va a volar a Ittoqqortoormiit...
— ¡Oh, no! ¡No me quedo aquí ni un minuto más!
— Yo os llevo. ¡Subid! No creo que sea tan difícil...
— ¡Filip, no, nooo!

— Sueño con Namiibia...

75

PARQUE NACIONAL DE GROENLANDIA
★ GROENLANDIA (DEPENDIENTE DE DINAMARCA) ★ SUPERFICIE: 972.000 km² ★ CREADO EN 1974 ★

Glaciar Pie de Elefante

¡Socorro!

buey almizclero

estación científica Zackenberg

Summit Camp
estación científica

liebre ártica

armiño

zorro ártico

Dicrostonyx groendandicus

narval

base militar — Nord
morsa
foca ocelada
oso polar
foca de Groenlandia
bacalao ártico
ballena de Groenlandia
foca de casco
tiburón de Groenlandia
foca barbuda

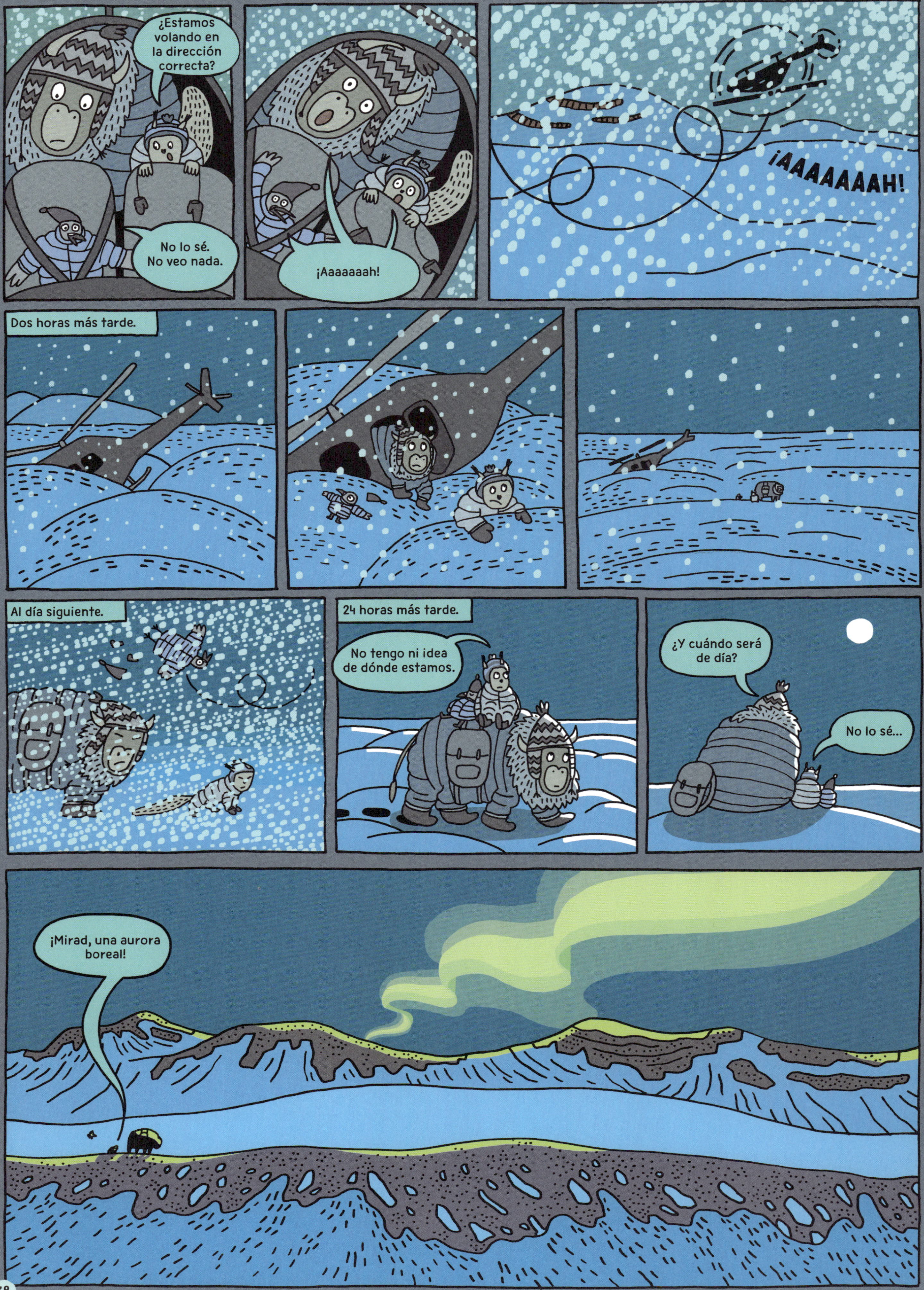

¿Estamos volando en la dirección correcta?

No lo sé. No veo nada.

¡Aaaaaaah!

¡AAAAAAAH!

Dos horas más tarde.

Al día siguiente.

24 horas más tarde.

No tengo ni idea de dónde estamos.

¿Y cuándo será de día?

No lo sé...

¡Mirad, una aurora boreal!

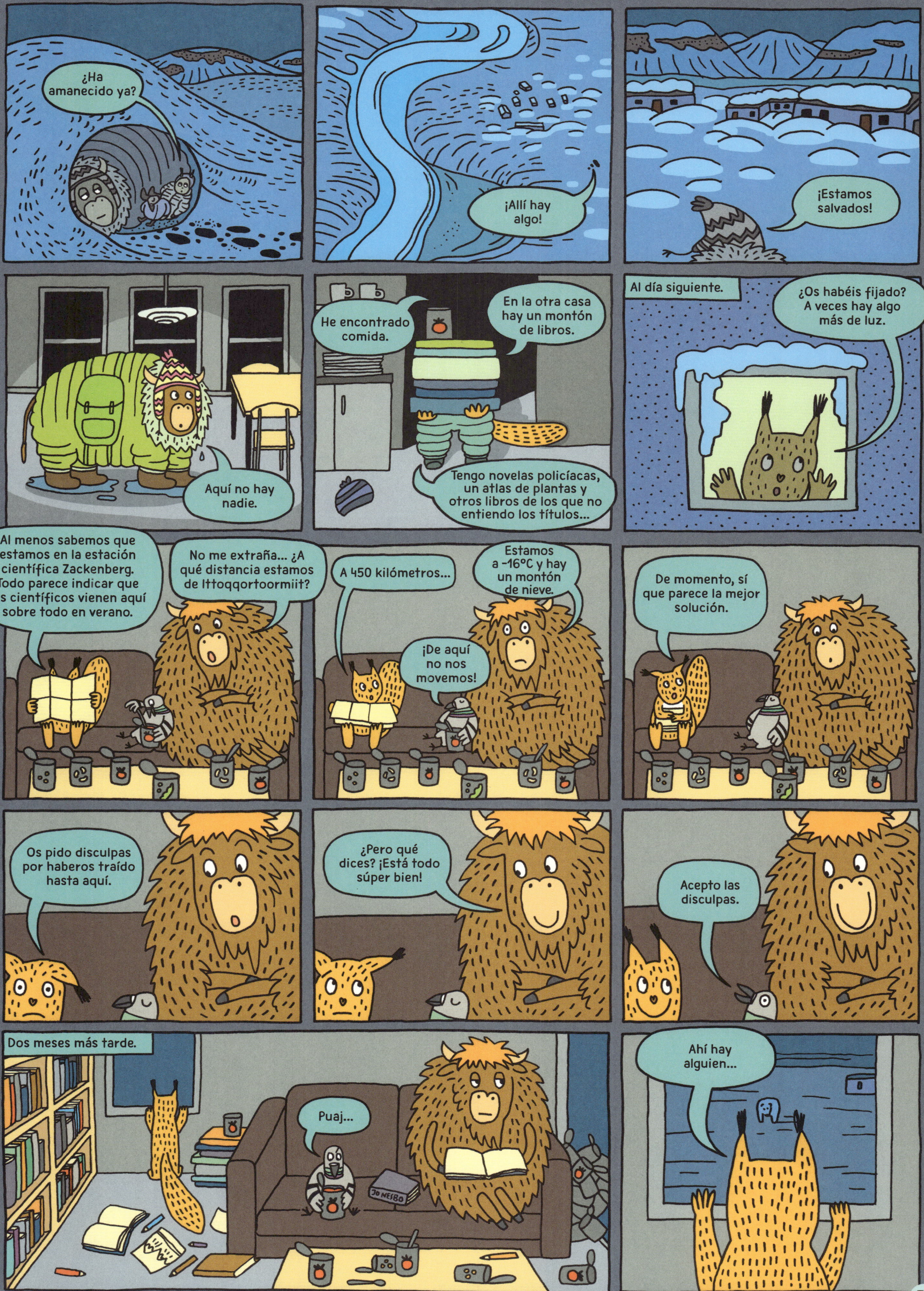

— ¿Ha amanecido ya?

— ¡Allí hay algo!

— ¡Estamos salvados!

— He encontrado comida.

— En la otra casa hay un montón de libros.

— Aquí no hay nadie.

— Tengo novelas policíacas, un atlas de plantas y otros libros de los que no entiendo los títulos...

Al día siguiente.

— ¿Os habéis fijado? A veces hay algo más de luz.

— Al menos sabemos que estamos en la estación científica Zackenberg. Todo parece indicar que los científicos vienen aquí sobre todo en verano.

— No me extraña... ¿A qué distancia estamos de Ittoqqortoormiit?

— A 450 kilómetros...

— Estamos a –16°C y hay un montón de nieve.

— ¡De aquí no nos movemos!

— De momento, sí que parece la mejor solución.

— Os pido disculpas por haberos traído hasta aquí.

— ¿Pero qué dices? ¡Está todo súper bien!

— Acepto las disculpas.

Dos meses más tarde.

— Puaj...

— Ahí hay alguien...

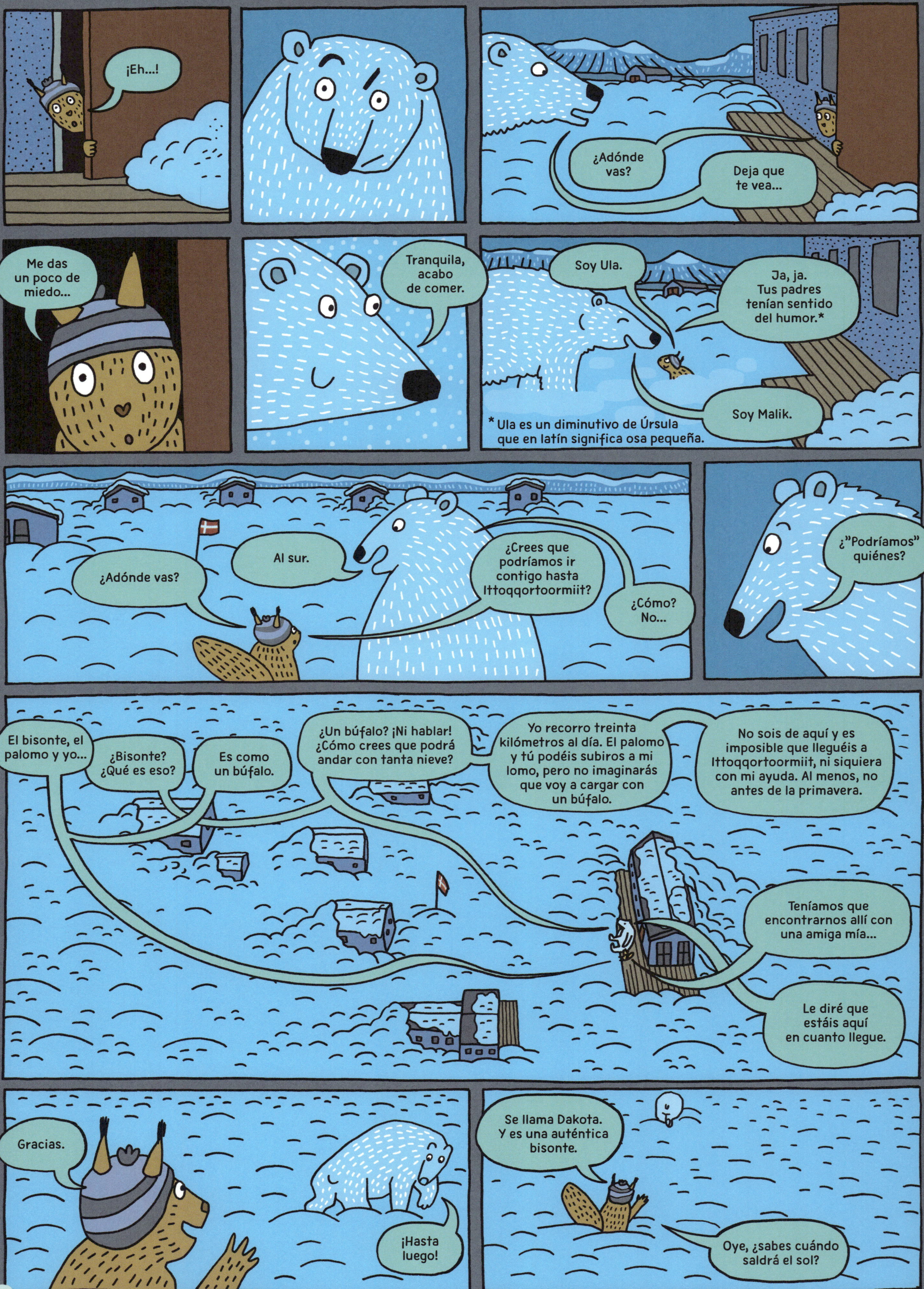

¡Eh...!

Me das un poco de miedo...

Tranquila, acabo de comer.

¿Adónde vas? Deja que te vea...

Soy Ula.

Ja, ja. Tus padres tenían sentido del humor.*

Soy Malik.

*Ula es un diminutivo de Úrsula que en latín significa osa pequeña.

¿Adónde vas?

Al sur.

¿Crees que podríamos ir contigo hasta Ittoqqortoormiit?

¿Cómo? No...

¿"Podríamos" quiénes?

El bisonte, el palomo y yo...

¿Bisonte? ¿Qué es eso?

Es como un búfalo.

¿Un búfalo? ¡Ni hablar! ¿Cómo crees que podrá andar con tanta nieve?

Yo recorro treinta kilómetros al día. El palomo y tú podéis subiros a mi lomo, pero no imaginarás que voy a cargar con un búfalo.

No sois de aquí y es imposible que lleguéis a Ittoqqortoormiit, ni siquiera con mi ayuda. Al menos, no antes de la primavera.

Teníamos que encontrarnos allí con una amiga mía...

Le diré que estáis aquí en cuanto llegue.

Gracias.

¡Hasta luego!

Se llama Dakota. Y es una auténtica bisonte.

Oye, ¿sabes cuándo saldrá el sol?

En la mayoría de los lugares de la Tierra uno puede estar seguro de una cosa: el sol saldrá cada mañana y se pondrá cada noche. Pero no en todos los lugares es así. En el lejano norte (y en el lejano sur) no siempre pasa eso. Tiene que ver con el movimiento de nuestro planeta y la inclinación del eje terrestre con respecto al Sol.

A causa de esos factores en casi todos los lugares del mundo a lo largo del año va cambiando la duración del día y de la noche y la temperatura del aire. Por eso hay diferentes estaciones. Como cada uno de los polos está orientado hacia el Sol durante medio año y durante el otro medio le da la espalda, el día y la noche en las regiones polares se rigen por sus propias leyes.

○ — polos
eje terrestre →
invierno en el hemisferio norte
Sol
noche
día
verano en el hemisferio norte
La Tierra gira alrededor de su eje. El giro completo dura 24 horas (exactamente 23 horas 56 minutos y 4,1 segundos).
La Tierra tarda 365 días en dar una vuelta alrededor del Sol.
rayos solares

En los polos el sol sale solo una vez al año.
polo norte
equinoccio* de primavera alrededor del 20 de marzo

A partir de ese momento empieza el día polar. En los tres meses siguientes el Sol va subiendo en el cielo y no baja nunca.

Si nos plantamos en un polo durante el día polar el sol trazará un círculo sobre nuestras cabezas en 24 horas. En el polo norte ese círculo alcanzará la mayor altura en junio, durante el solsticio** de verano.
solsticio de verano
20 o 21 de junio

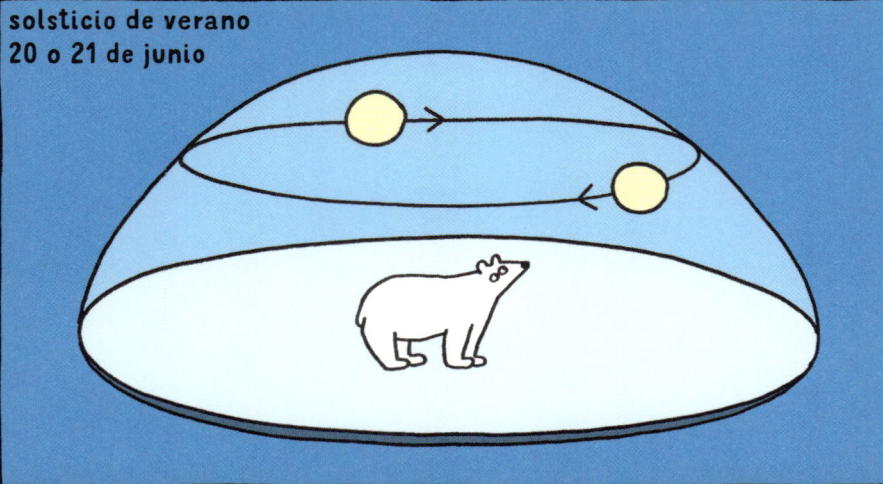

Si nos quedamos allí los siguientes tres meses, el sol seguirá girando cada vez más bajo e irá acercándose a la línea del horizonte.

equinoccio de otoño alrededor del 20 de septiembre

Finalmente, en septiembre, en el equinoccio de otoño, trazará, muy abajo, un último círculo y se pondrá una sola vez al año. Acabará así el día polar y empezará la noche polar. En los siguientes seis meses el sol no aparecerá sobre el horizonte.

Esto no significa que inmediatamente tengamos una oscuridad total. Durante un tiempo seguirá llegándonos luz, pero cada vez más tenue y dispersa, como la que vemos siempre al atardecer. El atardecer polar dura varias semanas porque el sol va bajando lentamente, girando por debajo de la línea del horizonte, al igual que antes lo hacía por encima de ella. Igual de largo y lento es el único amanecer a lo largo del año, durante el cual el cielo va aclarándose poco a poco.

solsticio de invierno
21 o 22 de diciembre

El Sol en su posición más baja, por debajo de la línea del horizonte.

*momento en que el Sol se encuentra justo encima del ecuador y el día y la noche tienen la misma duración en toda la Tierra.

**momento en el que en un hemisferio tenemos el día más largo del año y en el otro, el más corto.

81

El fenómeno de los días y noches polares, es decir, los que duran más de 24 horas, se produce dentro de los círculos polares.

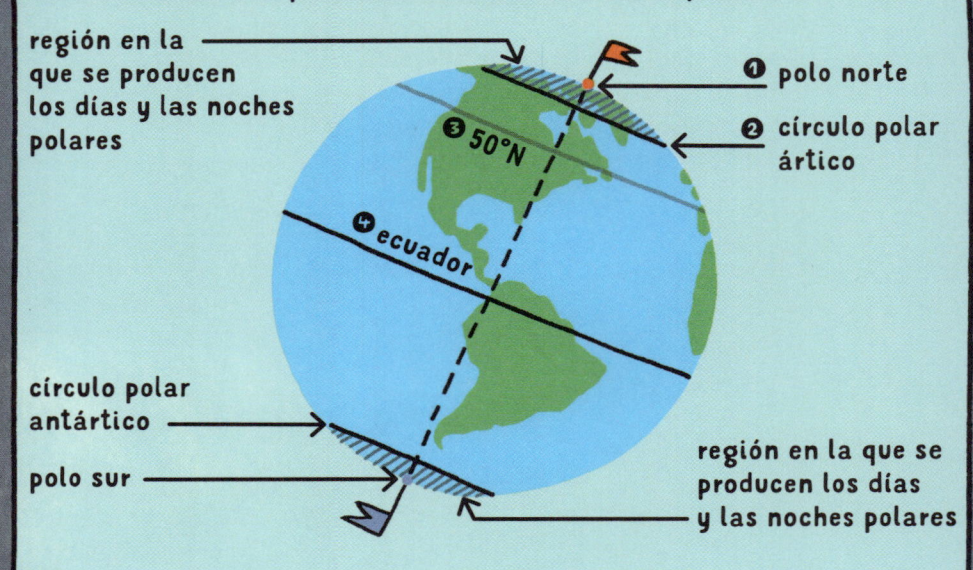

- región en la que se producen los días y las noches polares
- ❶ polo norte
- ❷ círculo polar ártico
- ❸ 50°N
- ❹ ecuador
- círculo polar antártico
- polo sur
- región en la que se producen los días y las noches polares

En los polos los días y las noches polares se prolongan por más tiempo, seis meses cada uno. Cuanto más cerca del círculo polar, más cortos son.

¡Escuchad!

El 4 de febrero sale el sol. Ya falta poco.

En la estación polar Zackenberg la noche polar suele durar del 7 de noviembre al 3 de febrero.

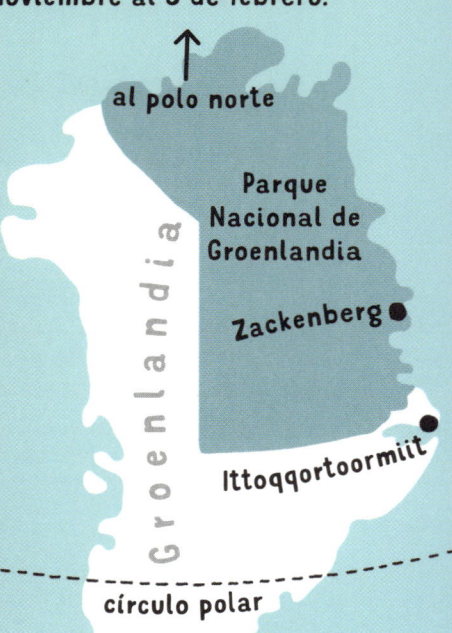

al polo norte

Groenlandia

Parque Nacional de Groenlandia

Zackenberg

Ittoqqortoormiit

círculo polar

En el pueblo de Ittoqqortoormiit, situado a cierta distancia del polo, la noche polar es más corta. Generalmente, empieza el 23 de noviembre y acaba el 18 de enero.

4 de febrero.

No se ve el sol...

¿Estamos mirando al sur?

Es por culpa de esas montañas...

Recorrido del sol en el cielo en el solsticio de verano (20 o 21 de junio)

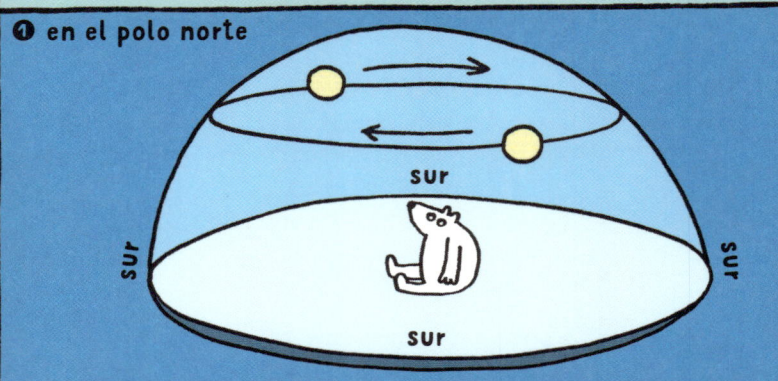

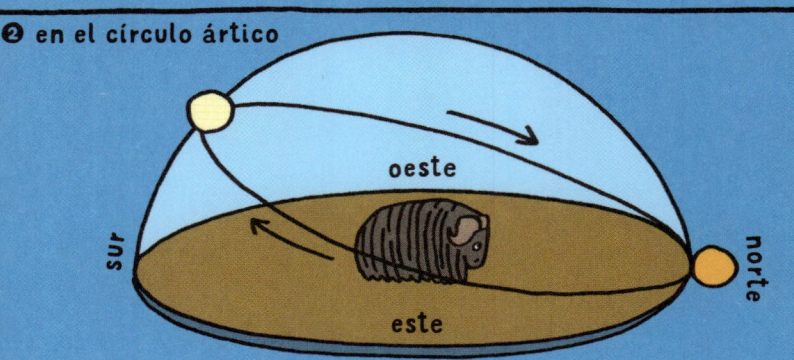

❶ en el polo norte

sur

❷ en el círculo ártico

oeste / sur / norte / este

Es el único día al año en que el centro del Sol permanece por encima de la línea del horizonte durante las 24 horas.

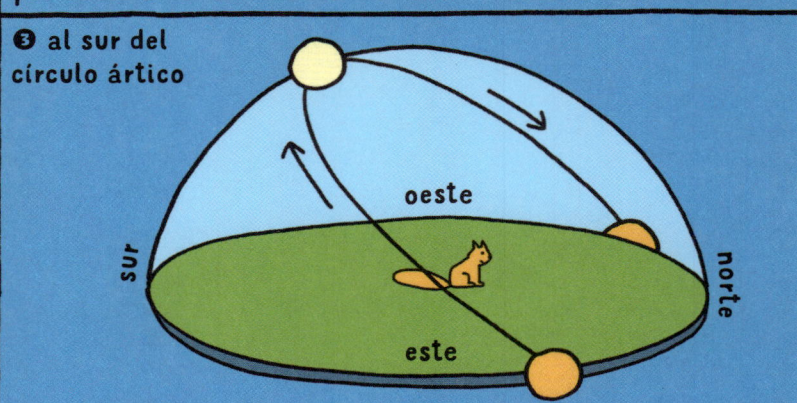

❸ al sur del círculo ártico

oeste / sur / norte / este

El sol se pone incluso el día del solsticio de verano, el más largo del año. No hay días ni noches polares.

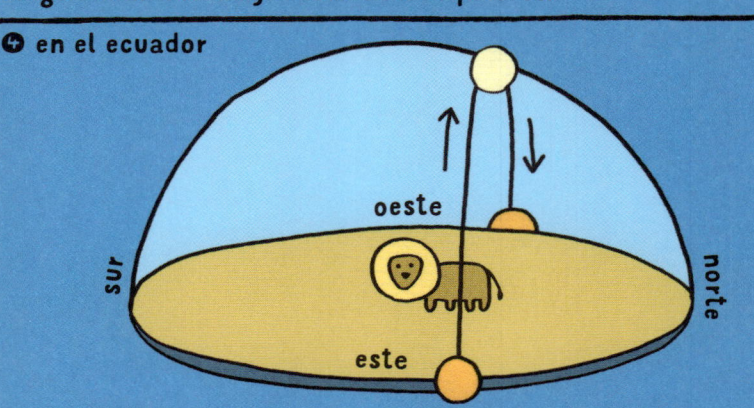

❹ en el ecuador

oeste / sur / norte / este

El día y la noche tienen la misma duración: doce horas. Esta no cambia a lo largo de todo el año.

En todos los lugares de la Tierra el sol permanece por encima del horizonte el mismo número de horas. Lo que cambia es su distribución en el tiempo. El hecho de que en las regiones polares haga más frío y en el ecuador más calor tiene que ver con el ángulo de inclinación de los rayos solares y no con el número de horas de sol.

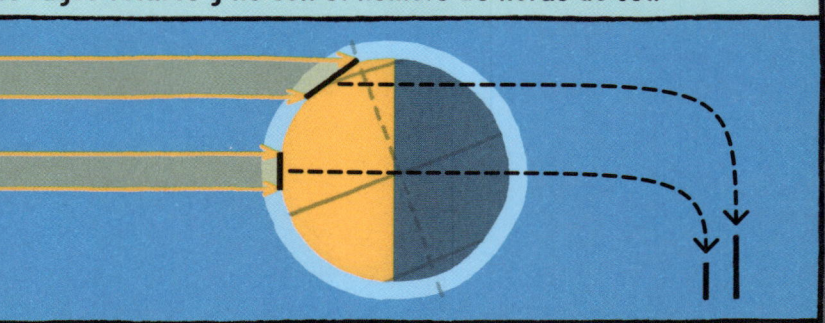

Junto a los polos la misma porción de rayos solares calienta una superficie mayor de la Tierra. Además, los rayos recorren una distancia mayor a través de la atmósfera (capa de gases que rodea la Tierra), que absorbe y dispersa parte de su energía.

82

INVIERNO VERANO

El Parque Nacional de Groenlandia se encuentra en el Ártico.

El Ártico es un área grande que se extiende alrededor del Polo Norte. Según una de las definiciones abarca la zona en la que la temperatura media de julio no sobrepasa los 10°C.

En su territorio viven muchos menos animales que en regiones más calurosas. Son aún menos los que pasan allí los inviernos.

Los bueyes almizcleros nunca buscan refugio. Durante el mal tiempo permanecen tumbados, sin moverse, de espaldas al viento, e intentan no gastar energía.

Dos capas de pelo los protegen del viento y del frío. De la capa interna se obtiene la lana más cálida del mundo.

Casi todas las aves que se ven en el parque, en verano se marchan al sur para pasar allí el invierno.

arao de Brünnich
gaviota de Ross
ánsar piquicorto
arao común
gaviota de Sabine
eider real
búho nival
barnacla cariblanca
mérgulo atlántico
gaviota marfileña

Durante las peores heladas las liebres y los zorros árticos, e incluso los osos polares, a pesar de estar adaptados a vivir en condiciones difíciles, se refugian en hoyos excavados en la nieve.

La liebre ártica tiene un excelente olfato que le permite encontrar vegetales bajo la nieve.

El zorro ártico, a su vez, dispone de un fantástico oído que lo ayuda a localizar roedores que se ocultan bajo la nieve.

El *Dicrostonyx groenlandicus* pasa el invierno en túneles excavados en la nieve.

Los osos polares pasan la mayor parte de su vida sobre el hielo que cubre el océano. Solo allí pueden cazar focas, que son su principal alimento.

En invierno los insectos hibernan bajo la nieve. Los hay que son capaces de resistir un frío de decenas de grados bajo cero porque segregan unas sustancias químicas especiales que rebajan la temperatura de congelación de los líquidos de sus cuerpos.

En verano, cuando el hielo se derrite, los osos pierden la posibilidad de cazar focas. Pueden sobrevivir incluso varios meses sin comer. Sin embargo, si el hielo se derrite demasiado pronto en primavera y en otoño aparece demasiado tarde, los osos corren el riesgo de morir de hambre.

En otoño y en invierno las aguas litorales del Ártico se cubren de hielo. La capa de hielo facilita la caza y los desplazamientos a los habitantes de la región.

respiradero

Las focas utilizan respiraderos en el hielo por los que emergen a la superficie para tomar aire. Los osos aprovechan esos momentos para atraparlas.

La mayoría de las ballenas que visitan Groenlandia en verano se marchan al sur en invierno.

La ballena jorobada migra al norte en verano.

Las polinias son grandes agujeros en el hielo que se forman a causa del viento o de corrientes oceánicas cálidas.

Los animales marinos no tienen que hacer frente al frío extremo que hace en invierno en la superficie terrestre. La temperatura del mar no baja de -2°C (temperatura a la que se congela el agua del mar).

Unas semanas después.

¡Kuba! ¡Filip! ¡Mirad!

¡Esta debe de ser Dakota!

¡Bienvenidos!

A los pocos días.

Aficionados...

Tras dos semanas de viaje.

Es Ittoqqortoormiit. Mi casa está algo retirada

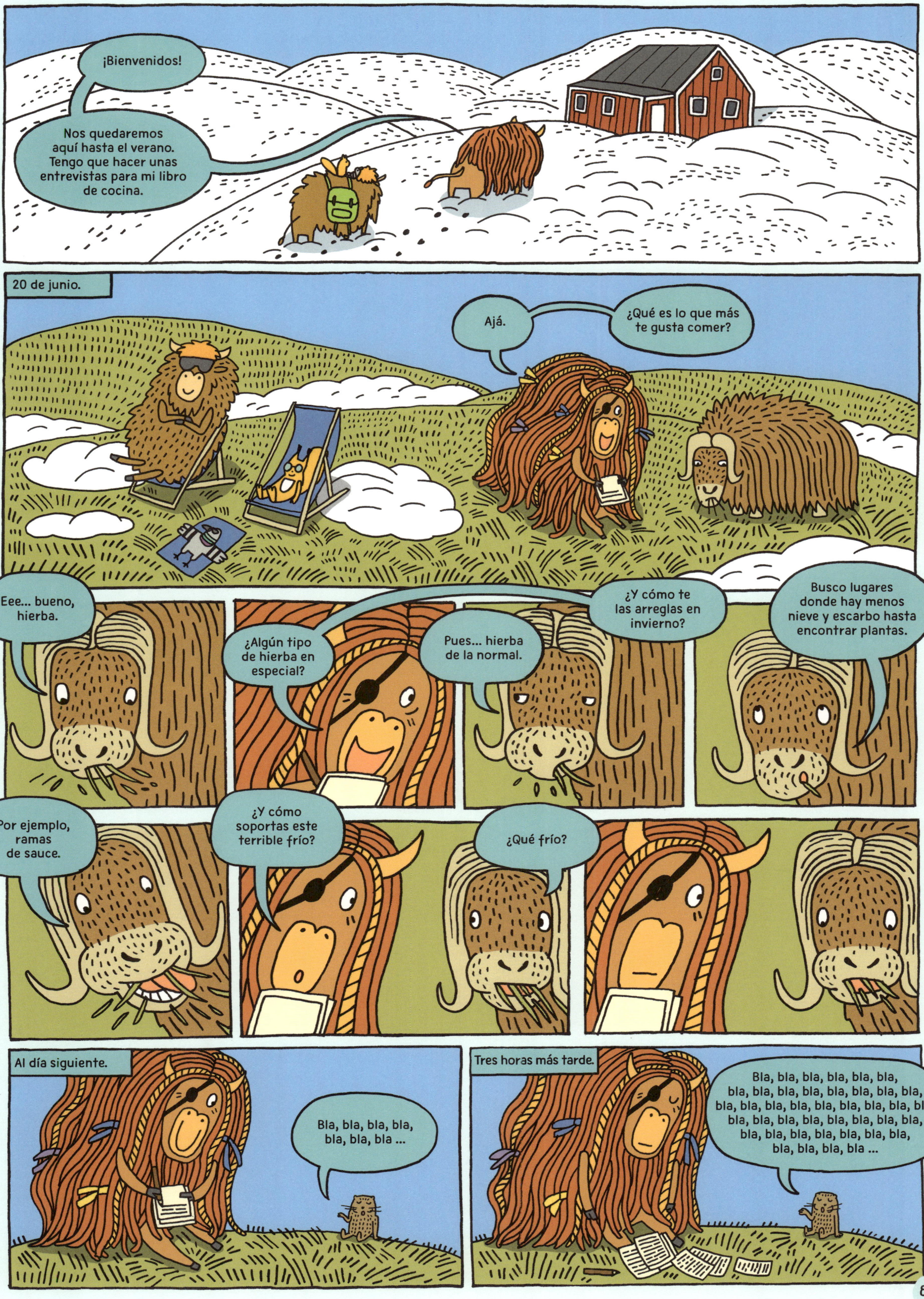

¡Bienvenidos!

Nos quedaremos aquí hasta el verano. Tengo que hacer unas entrevistas para mi libro de cocina.

20 de junio.

Ajá.

¿Qué es lo que más te gusta comer?

Eee... bueno, hierba.

¿Algún tipo de hierba en especial?

Pues... hierba de la normal.

¿Y cómo te las arreglas en invierno?

Busco lugares donde hay menos nieve y escarbo hasta encontrar plantas.

Por ejemplo, ramas de sauce.

¿Y cómo soportas este terrible frío?

¿Qué frío?

Al día siguiente.

Bla, bla, bla, bla, bla, bla, bla ...

Tres horas más tarde.

Bla, bla, bla, bla, bla, bla, bla, bla, bla, bla, bla, bla, bla, bla, bla, bla, bla, bla, bla, bla, bla, bla, bla, bla, bla, bla, bla, bla, bla, bla, bla, bla, bla, bla, bla ...

85

Si viajamos hacia el norte, al Ártico, vemos cada vez menos árboles. Cerca del círculo polar suelen ser cada vez más bajos y escasos, y en las zonas limítrofes desaparecen completamente. Ahí empieza la zona de vegetación baja, la tundra.

La tundra cubre las costas de Groenlandia. Ahí se concentra la vida de la isla, la más grande del mundo. La mayor parte de su territorio está cubierto por una capa de hielo de más de 1 km de espesor, el casquete glaciar. Por eso en el interior de la isla no hay ni animales ni plantas.

tundra

Groenlandia

casquete glaciar

En el Ártico, bajo una fina capa de tierra que a menudo no sobrepasa un metro, se extiende el permafrost, un suelo permanentemente congelado. Es una de las principales causas por las que en la zona no crecen árboles. No tendrían suficiente espacio para echar raíces.

Además, las plantas necesitan calor para su crecimiento y la estación cálida en el Ártico es muy corta. Dura lo suficiente para que estas desarrollen las hojas y las raíces indispensables para la vida, pero no para que alcancen grandes alturas.

permafrost

Aunque el clima suele ser seco, en verano, en lugares donde se derrite la nieve, se forman pantanos y cenagales, ya que el agua no penetra en la tierra helada. Gracias a eso las plantas pueden beneficiarse de la humedad durante más tiempo.

¡Menudo barrizal!

No es fácil. Hay que sabérselas todas.

No hay tiempo que perder.

Además, la temperatura cerca de la superficie es mayor. Tras el deshielo de verano puede llegar a ser mucho más alta que a un metro o dos del suelo.

Hacia el final del verano muchas plantas desarrollan brotes ❶ y hojas ❷ capaces de sobrevivir en invierno. Aguantarán bajo la nieve hasta la primavera y sin perder un segundo del valioso tiempo empezarán a crecer con los primeros rayos de sol.

Si en primavera el hielo no se derrite, algunas plantas ❸ son capaces de sobrevivir bajo él incluso varios años.

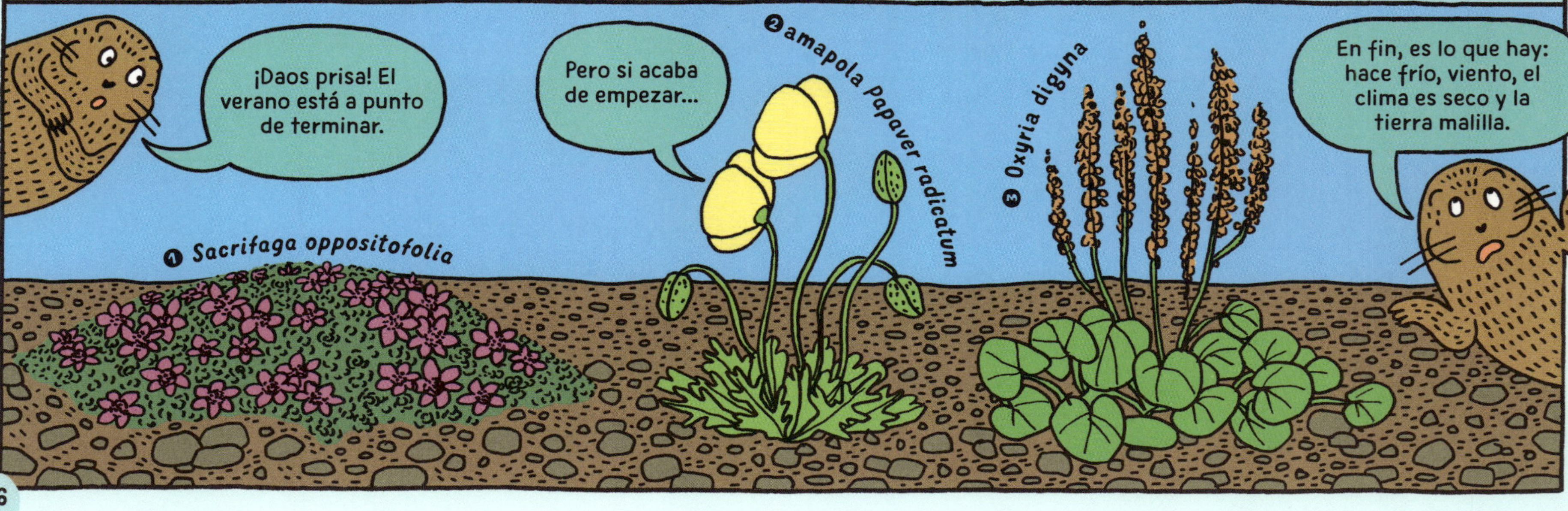

¡Daos prisa! El verano está a punto de terminar.

Pero si acaba de empezar...

❶ *Sacrifaga oppositofolia*

❷ *amapola Papaver radicatum*

❸ *Oxyria digyna*

En fin, es lo que hay: hace frío, viento, el clima es seco y la tierra malilla.

Cuaderno de Ula

PARQUE NACIONAL DE GROENLANDIA

- ES EL MAYOR PARQUE NACIONAL DEL MUNDO. 
- LA ZONA INTERIOR ESTÁ CUBIERTA POR EL PERMAFROST. 
- EL LITORAL ESTÁ CUBIERTO POR LA VEGETACIÓN BAJA TÍPICA DE LA TUNDRA. 
- LA COSTA ES MONTAÑOSA Y ESTÁ SURCADA DE FIORDOS.

EL SAUCE
Salix Arctica

ES UN ARBUSTO QUE NO SUPERA LOS 25 CM DE ALTURA.

EL SAUCE ENANO

ES LA ESPECIE MÁS PEQUEÑA DE SAUCE.

Dryas octopetala

JUNCO
Juncus triglumis

Tofieldia coccinea

Vaccinium uliginosum

HIERBA AZUL GLAUCA

87

Pedicularis hirsuta

Cassiope tetragona

CAMARINA NEGRA

Rhododendron lapponicum

Potentilla hyparctica

Dupontia Fisheri

BERRO AMARGO
Cardamine bellidifolia

Eriophorum scheuhzeri

Cerastium arcticum

Luzula arctica

Minuartia biflora

Erigeron humilis

—No debe ser fácil ser herbívoro con este clima.

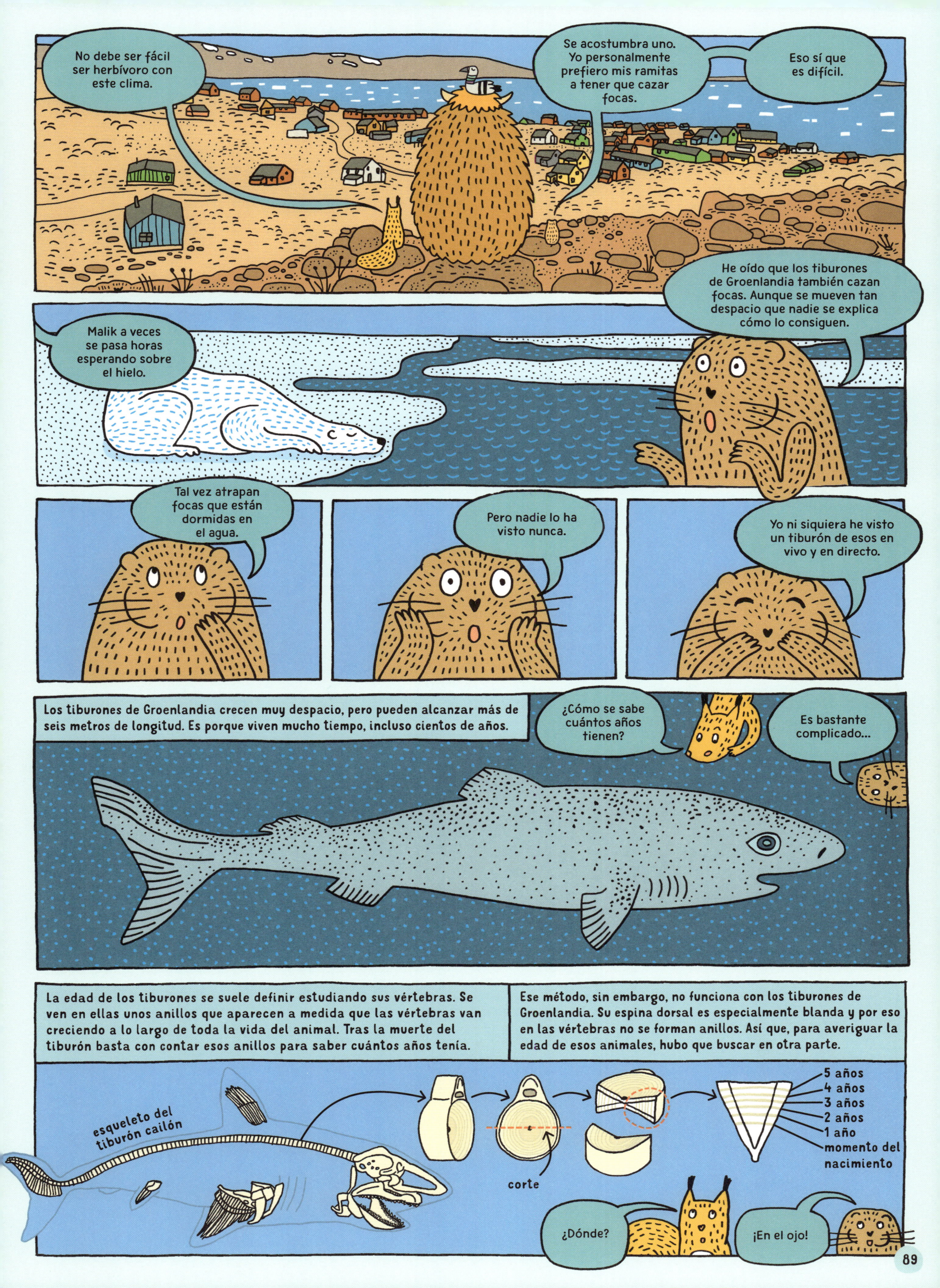

—Se acostumbra uno. Yo personalmente prefiero mis ramitas a tener que cazar focas.

—Eso sí que es difícil.

—He oído que los tiburones de Groenlandia también cazan focas. Aunque se mueven tan despacio que nadie se explica cómo lo consiguen.

—Malik a veces se pasa horas esperando sobre el hielo.

—Tal vez atrapan focas que están dormidas en el agua.

—Pero nadie lo ha visto nunca.

—Yo ni siquiera he visto un tiburón de esos en vivo y en directo.

Los tiburones de Groenlandia crecen muy despacio, pero pueden alcanzar más de seis metros de longitud. Es porque viven mucho tiempo, incluso cientos de años.

—¿Cómo se sabe cuántos años tienen?

—Es bastante complicado...

La edad de los tiburones se suele definir estudiando sus vértebras. Se ven en ellas unos anillos que aparecen a medida que las vértebras van creciendo a lo largo de toda la vida del animal. Tras la muerte del tiburón basta con contar esos anillos para saber cuántos años tenía.

Ese método, sin embargo, no funciona con los tiburones de Groenlandia. Su espina dorsal es especialmente blanda y por eso en las vértebras no se forman anillos. Así que, para averiguar la edad de esos animales, hubo que buscar en otra parte.

esqueleto del tiburón cailón

corte

5 años
4 años
3 años
2 años
1 año
momento del nacimiento

—¿Dónde?

—¡En el ojo!

89

Una parte del ojo es el cristalino. El centro del cristalino, el núcleo, se formó cuando el tiburón era aún un feto. Los científicos estudiaron precisamente ese núcleo. Querían averiguar cuánto carbono contenía.

esquema del ojo — *cristalino*

—¿Carbono, carbón? ¿Como el de una mina?

Todo lo que existe en la Tierra está constituido de elementos químicos. El carbono, sus átomos, es uno de esos elementos invisibles a simple vista.

Sus partículas más pequeñas, llamadas átomos, invisibles a simple vista, se unen con los átomos de otros elementos formando sustancias más complejas que se encuentran en muchos sitios.

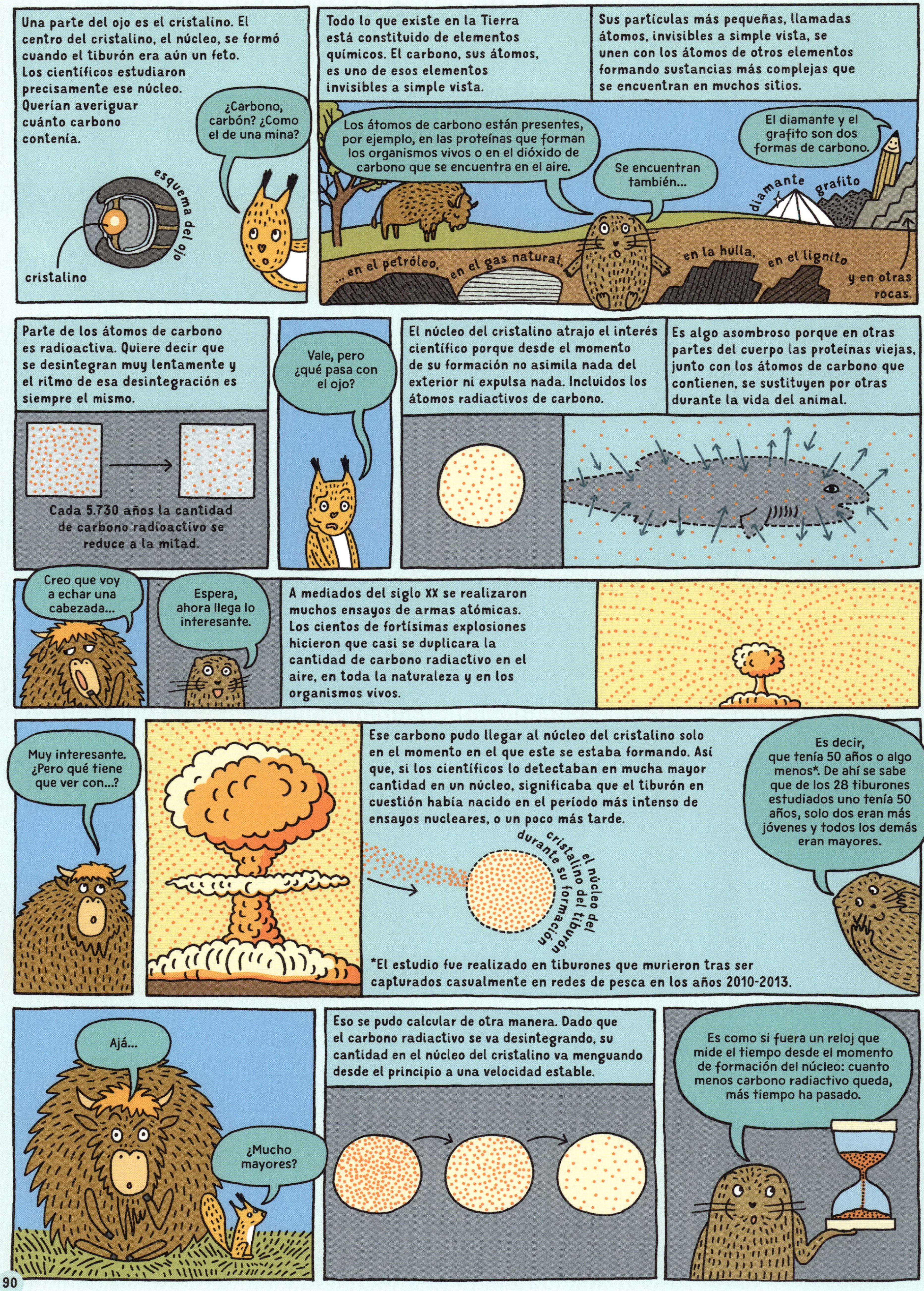

Los átomos de carbono están presentes, por ejemplo, en las proteínas que forman los organismos vivos o en el dióxido de carbono que se encuentra en el aire.

—Se encuentran también...

El diamante y el grafito son dos formas de carbono.

diamante *grafito*

...en el petróleo, en el gas natural, en la hulla, en el lignito y en otras rocas.

Parte de los átomos de carbono es radioactiva. Quiere decir que se desintegran muy lentamente y el ritmo de esa desintegración es siempre el mismo.

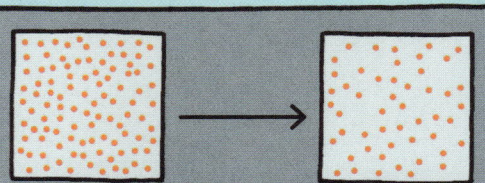

Cada 5.730 años la cantidad de carbono radioactivo se reduce a la mitad.

—Vale, pero ¿qué pasa con el ojo?

El núcleo del cristalino atrajo el interés científico porque desde el momento de su formación no asimila nada del exterior ni expulsa nada. Incluidos los átomos radioactivos de carbono.

Es algo asombroso porque en otras partes del cuerpo las proteínas viejas, junto con los átomos de carbono que contienen, se sustituyen por otras durante la vida del animal.

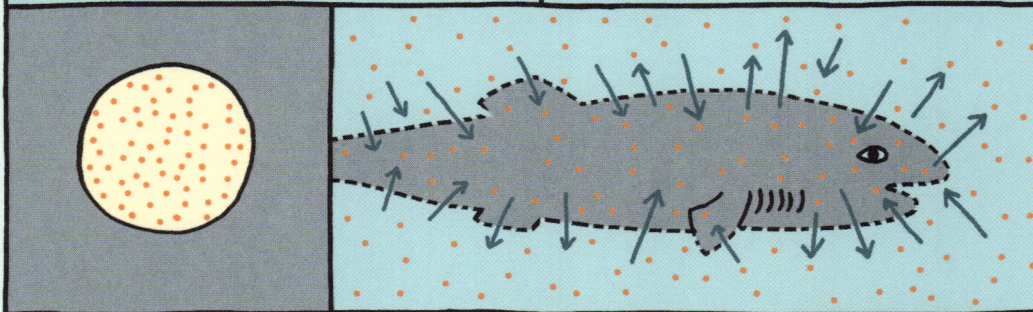

—Creo que voy a echar una cabezada...

—Espera, ahora llega lo interesante.

A mediados del siglo XX se realizaron muchos ensayos de armas atómicas. Los cientos de fortísimas explosiones hicieron que casi se duplicara la cantidad de carbono radioactivo en el aire, en toda la naturaleza y en los organismos vivos.

—Muy interesante. ¿Pero qué tiene que ver con...?

Ese carbono pudo llegar al núcleo del cristalino solo en el momento en el que este se estaba formando. Así que, si los científicos lo detectaban en mucha mayor cantidad en un núcleo, significaba que el tiburón en cuestión había nacido en el período más intenso de ensayos nucleares, o un poco más tarde.

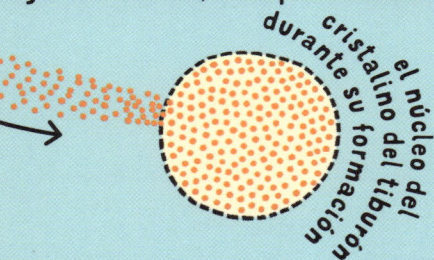

el núcleo del tiburón durante su formación

Es decir, que tenía 50 años o algo menos*. De ahí se sabe que de los 28 tiburones estudiados uno tenía 50 años, solo dos eran más jóvenes y todos los demás eran mayores.

*El estudio fue realizado en tiburones que murieron tras ser capturados casualmente en redes de pesca en los años 2010-2013.

—Ajá...

—¿Mucho mayores?

Eso se pudo calcular de otra manera. Dado que el carbono radioactivo se va desintegrando, su cantidad en el núcleo del cristalino va menguando desde el principio a una velocidad estable.

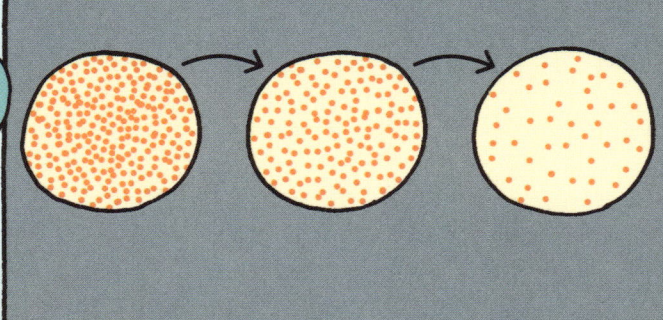

Es como si fuera un reloj que mide el tiempo desde el momento de formación del núcleo: cuanto menos carbono radioactivo queda, más tiempo ha pasado.

Los científicos averiguaron cuánto carbono radiactivo quedaba en el núcleo de cada cristalino y cuánto había al principio. Al conocer su velocidad de desintegración calcularon cuánto tiempo había tardado en ello, es decir, la edad del tiburón.

El tiburón más grande medía 502 cm.

42 cm tiburón recién nacido

220 cm tiburón de 50 años

Para obtener un resultado más preciso tuvieron en cuenta también el tamaño de esos peces y su velocidad de crecimiento.

¿Y qué resultó de sus cálculos?

Que el tiburón más grande y de más edad tenía al menos 272 años, pero probablemente tuviera 392 o puede que hasta 512.

512

Esto significa que los tiburones de Groenlandia son los animales más longevos de todos los peces, anfibios, reptiles, aves y mamíferos cuya edad se ha podido establecer.

Dos meses más tarde.

Ya nos vamos.

¿Volvéis a casa?

No, Dakota nos lleva a Indonesia.

Cuaderno de Ula

ITTOQQORTOORMIIT
GROENLANDIA

INDONESIA
PARQUE NACIONAL DE KOMODO

OCÉANO ÍNDICO

Mar de Flores, Indonesia.

Isla de Rinca.

SELAMAT DATANG DI TAMAN NASIONAL KOMODO
WELCOME TO KOMODO NATIONAL PARK

PARQUE NACIONAL DE KOMODO

★ INDONESIA ★ SUPERFICIE: 1.817 km² ★ CREADO EN 1980 ★

93

— Oh, Dakota. ¿Otra vez por aquí?

— Hola, Ratu.

— ¿Sigues buscándola?

— Sí...

— ¿Qué? ¿A quién estás buscando?

— A mi amiga Kiri. Desapareció cuando estábamos aquí hace un par de años. Discutimos y una noche se esfumó sin más.

— ¡Tonterías! Nadie se la ha comido.

— No sé qué pasó con ella. Desde aquella noche vuelvo aquí todo el tiempo a ver si la encuentro. Hoy se cumple otro año...

— Seguro que se la han comido los oras. Ya te lo he dicho varias veces.

— ¿Los oras?

— Los dragones, vamos... Los varanos.

— zzz...

— Es ella...

— ¿Por qué no nos habías dicho nada?

— Vale, venga. ¿Qué planes tienes? ¿Para qué los has traído aquí?

— Tenía miedo de que no quisierais acompañarme. Además...

— ¿Planes? ¿Qué planes?

— Ejem... Pues he leído en un libro de conjuros...

— ¿Qué? ¡No me hagas reír!

— Como iba diciendo, en un libro de conjuros...

— ¡Ja, ja, ja! ¡Menuda tontería!

— "Despertará la magia dormida quien de lejos acaba de llegar, quien llevó una vida sin prisas en una selva ancestral".

— "Quien sin rumbo deambula dejando atrás su hogar. Traído con malas artes a este bello lugar".

— ¡Ja, ja, ja!

— ¡Qué poesía más mala!

— Lo sé. ¡Buaaa!

— Vamos, no llores más. ¿Qué se supone que hay que hacer?

— "Que vaya derecho al sitio donde se perdió la huella y diga dos conjuros haciendo una pirueta".

— ¿Ese soy yo...? ¿El que deambula sin rumbo?

Algo más tarde.

— Violeta, clavel, oveja, oso, papel, tijera, perro rabioso.

— Prrr...

— Prrr...

— Pito, pito, gorgorito. ¿Dónde vas tú tan bonito? A la era verdadera, pin, pan, fuera.

— ¿Qué pasa?

— ¿Me he perdido algo?

95

— No ha funcionado...

— Claro que no ha funcionado... No sé de dónde has sacado esas payasadas.

— Y esos animales que has traído son un poco raros.

— ¿De dónde son?

— De Polonia.

— ¿De Polonia?

— No tengo ni idea de dónde está eso.

— Buaaa... He recorrido toda la isla cuatro veces... Buaaa... ¿Qué más puedo hacer? Buaaa...

— Ven, vamos a buscar en un par de sitios más. Igual has pasado por alto algo.

Por la noche.

— Estoy segura de que Kiri está por aquí. ¿Pero por qué no la encuentro?

Al día siguiente.

— ¡A levantarse!

— ¿Sabéis qué? No tiene sentido quedarse aquí tristes y abatidos. Ya que habéis llegado desde tan lejos os enseñaré las islas. A lo mejor, de paso, encontramos algún rastro de Kiri.

— Empecemos por los dragones.

— Hasta luego.

¡Quedaos callados...!

Los dragones de Komodo, llamados también varanos, son en la actualidad los lagartos más grandes del mundo. Pueden alcanzar los tres metros de longitud.

Tienen un excelente olfato. Son capaces de detectar carroña a varios kilómetros de distancia. Corren con bastante rapidez, son también unos excelentes nadadores y buceadores. Los dragones jóvenes trepan a los árboles.

En su hábitat los dragones de Komodo son los principales depredadores. Cazan sambares, jabalíes, bueyes y animales más pequeños, aunque su alimento preferido es la carroña. Los grandes mamíferos que cazan fueron introducidos en su entorno por los seres humanos. Antes de eso, hace miles de años, los varanos se alimentaban probablemente de estogodontes enanos, parecidos a elefantes. La especie más pequeña de esos animales, que habitaba en su día la isla de Flores, vecina del parque nacional, no sobrepasaba los 120 cm de altura.

Los dragones de Komodo viven solo en unas pocas islas indonesias. Se cree que sus antepasados llegaron hace al menos 900.000 años de Australia, donde vivían también otros grandes lagartos parientes de los varanos, incluido el mayor de ellos, la megalania.

La megalania podía medir más de 7 m de longitud. Formaba parte de la megafauna de la época del pleistoceno, compuesta por animales gigantes que habitaron la Tierra desde hace 2,5 millones de años y 11.700 años. La megalania se extinguió hace miles de años, al igual que los mamuts, los grandes marsupiales llamados diprotodontos, los megaterios (grandes perezosos), los estegodontes y muchos otros animales.

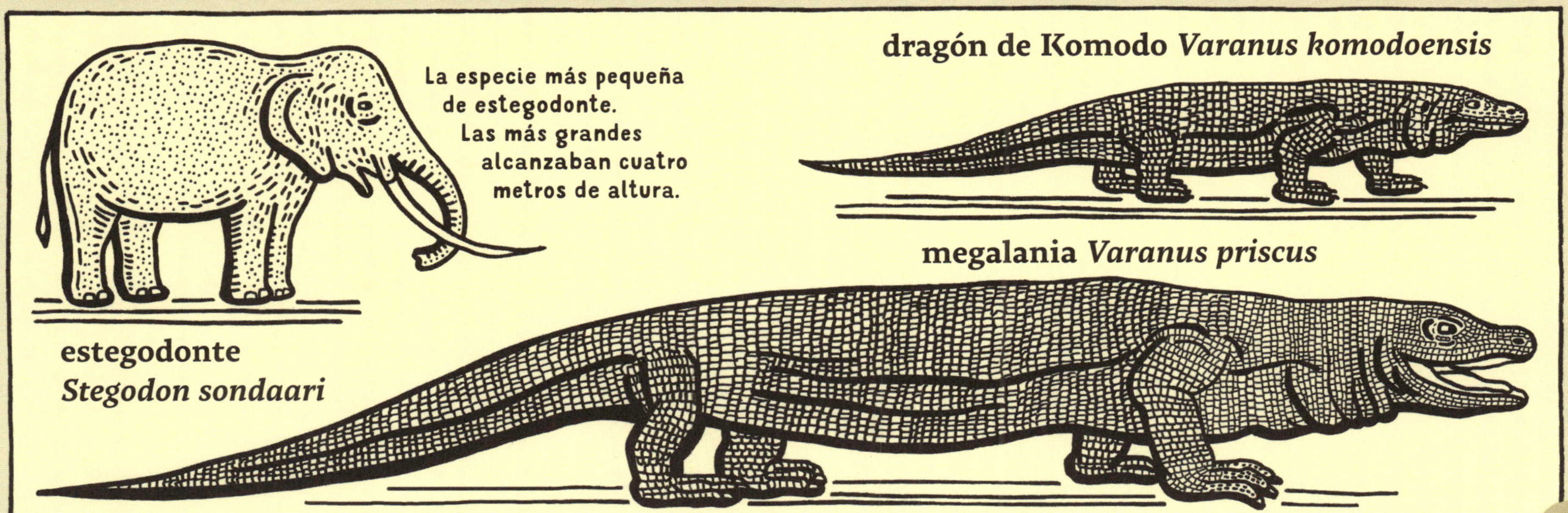

La especie más pequeña de estegodonte. Las más grandes alcanzaban cuatro metros de altura.

estegodonte *Stegodon sondaari*

dragón de Komodo *Varanus komodoensis*

megalania *Varanus priscus*

Cuando el naturalista británico Alfred Wallace viajó en el siglo XIX por el archipiélago malayo, se dio cuenta de que los animales que habitaban las islas vecinas de Bali y Lombok se diferenciaban mucho entre sí.

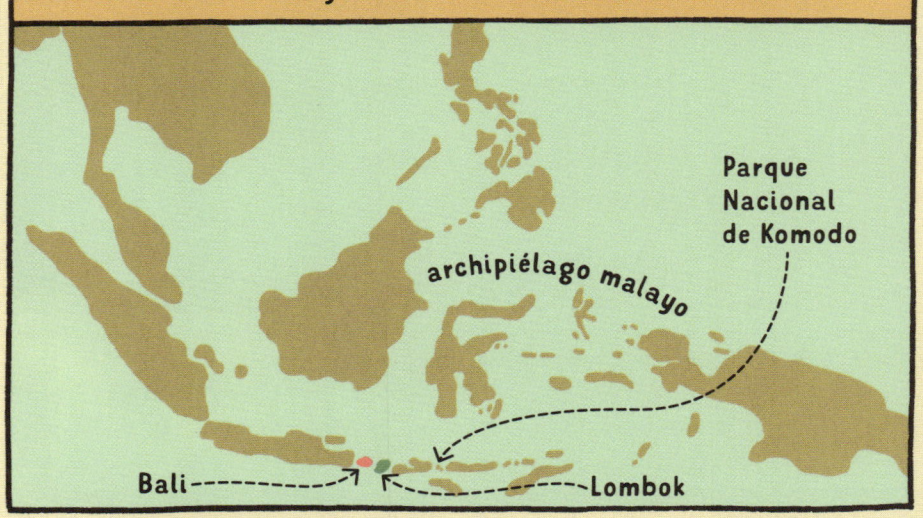

En Bali encontró especies parecidas a las que conocía de Asia. Sin embargo, en Lombok y más al este parte de los animales recordaba a la excepcional fauna de Australia.

Le sorprendió que la mayoría de las especies originarias de Asia se hubiera extendido por numerosas islas situadas al oeste de Bali y no hubiera atravesado el estrecho de Lombok, de apenas 40 km.

Para explicarlo hay que saber que el estrecho en cuestión es muy profundo. Por eso estaba lleno de agua incluso en el período glacial (ver pág. 22), cuando el nivel de los océanos había bajado considerablemente. Muchas de las islas del archipiélago malayo estaban entonces unidas a Asia por tierra firme.

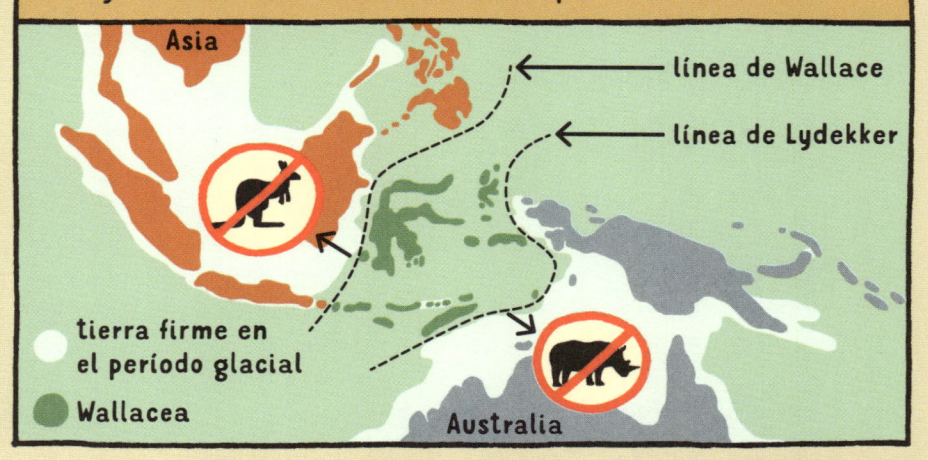

En esa zona hay más estrechos profundos. Delimitan el área llamada Wallacea, cuyas islas nunca dejaron de ser islas. Las habitan especies procedentes de Asia y Australia, pero solo aquellas que fueron capaces de llegar hasta allí nadando o volando. Una de esas islas es Lombok.

La Línea de Wallace es el nombre de la frontera invisible, descubierta por ese investigador, que no pudieron superar muchas especies de animales, entre los que se encuentran, aparte de numerosas aves, los marsupiales, grupo de mamíferos característico de Australia.

El embarazo de los marsupiales es muy corto. Las crías nacen muy pequeñas y muy poco desarrolladas. Completan su crecimiento y desarrollo en la bolsa marsupial de la madre.

Un canguro recién nacido mide apenas unos centímetros.

El mayor grupo de mamíferos es el de los placentarios. En su caso el feto crece y se desarrolla durante un tiempo largo en el útero materno.

Cría de rinoceronte una hora después de nacer.

La Línea de Lydekker bordea los estrechos que en el período glacial separaban Wallacea de la tierra firme unida a Australia. No la atravesó ningún mamífero placentario, excepto los murciélagos y las ratas*.

¡Avante toda!

*Se trata de la expansión de especies sin la intervención humana.

El Parque Nacional de Komodo se encuentra justo en esa región transitoria cuya existencia hizo que los rinocerontes y los tigres no poblaran Australia ni los canguros Asia.

Los habitantes más famosos del parque son excelentes nadadores. Por eso los profundos estrechos de Wallacea no les impidieron pasar a otras islas del archipiélago.

Cuaderno de Ula

PARQUE NACIONAL DE KOMODO

- ABARCA 29 ISLAS EN EL MAR DE FLORES: 3 GRANDES Y 26 MENORES.
- EL PAISAJE DE LAS ISLAS ES MONTAÑOSO. 
- LA SABANA CUBRE LA MAYOR PARTE DEL PARQUE. 
- EN LAS COSTAS HAY MANGLARES. 

cycas sundaica

← 2,5 METROS →

PALMA DE PALMIRA

3 METROS

VE A LA PÁG. 93 PARA VER LA PALMERA ENTERA.

FRUTO DEL ÁRBOL
Oroxylum indicum

1 METRO

ALMENDRO DE LA INDIA

HOJA DEL ÁRBOL

HOJA DEL ÁRBOL
Oroxylum indicum

ESTE ÁRBOL CRECE EN LAS COSTAS MARINAS Y FORMA MANGLARES (VER PÁG. 102).

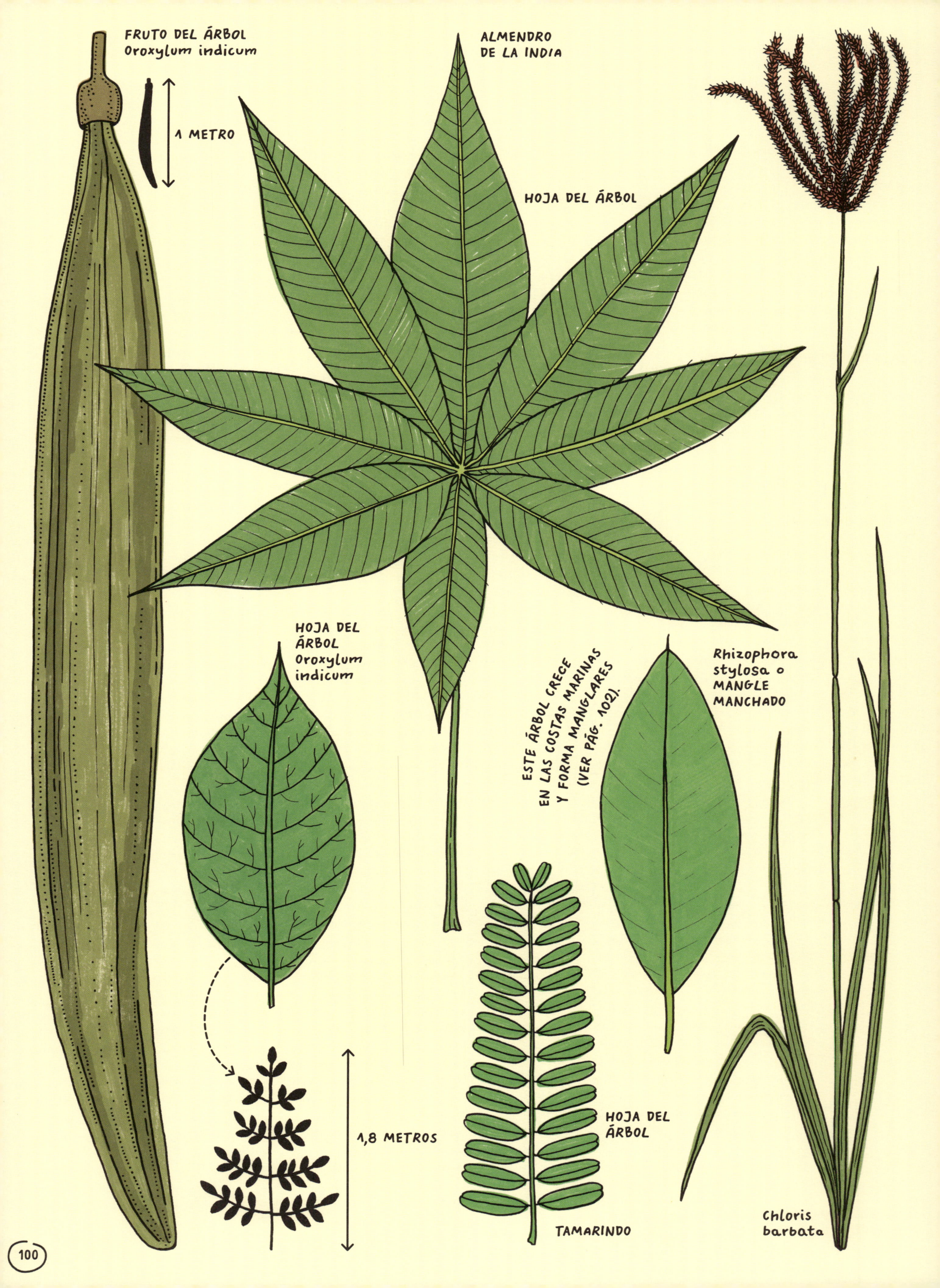

Rhizophora stylosa o **MANGLE MANCHADO**

1,8 METROS

TAMARINDO

HOJA DEL ÁRBOL

Chloris barbata

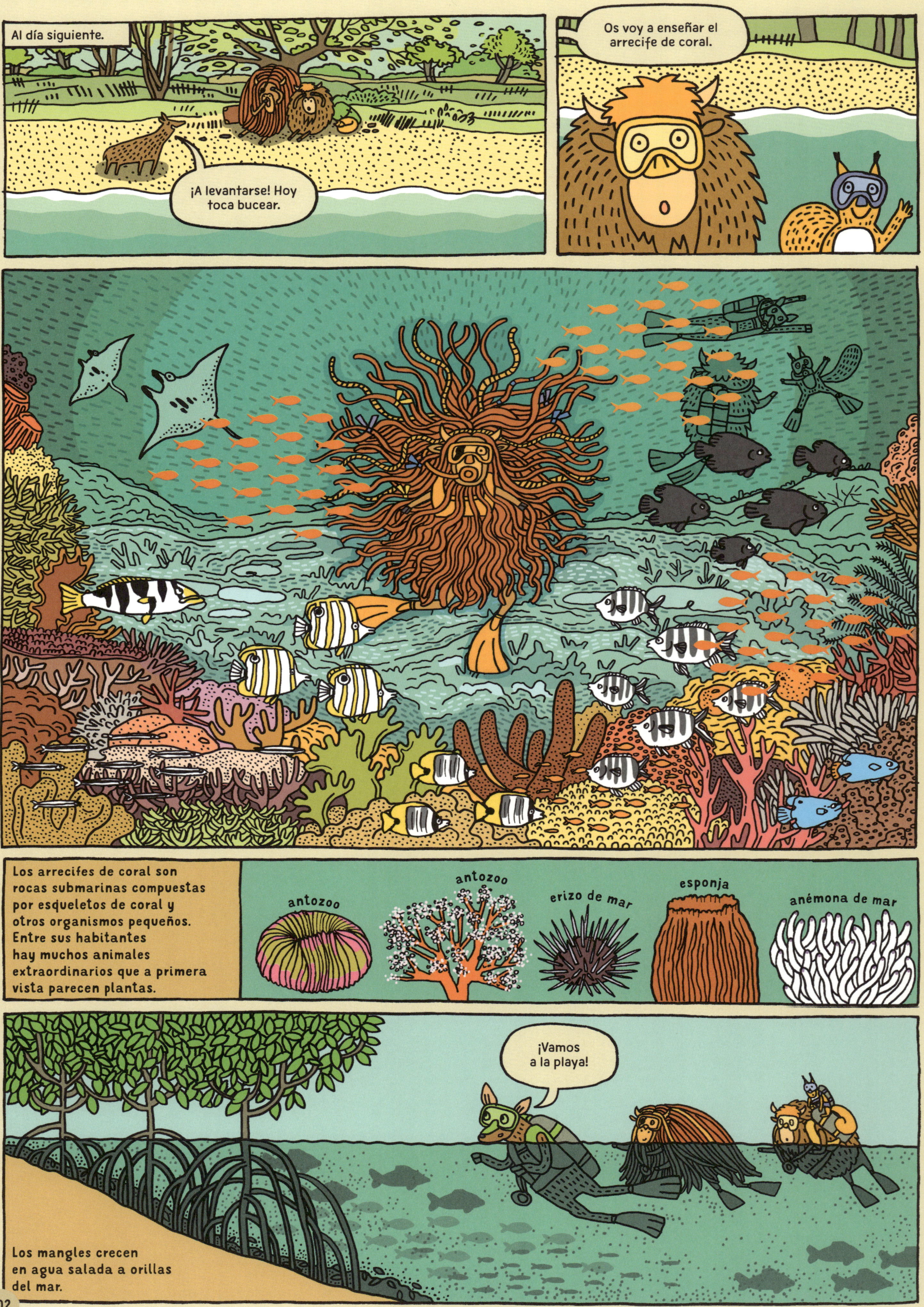

Al día siguiente.

¡A levantarse! Hoy toca bucear.

Os voy a enseñar el arrecife de coral.

Los arrecifes de coral son rocas submarinas compuestas por esqueletos de coral y otros organismos pequeños. Entre sus habitantes hay muchos animales extraordinarios que a primera vista parecen plantas.

antozoo — antozoo — erizo de mar — esponja — anémona de mar

¡Vamos a la playa!

Los mangles crecen en agua salada a orillas del mar.

Unos días más tarde.
Zzz...

¡Hola!

Os presento al amor de mi vida.

Es Sari.

¡Es fantástico, Filip!

¿Estás bien? Pareces muy contento...

Estamos haciendo las maletas. Hay que volver a casa. Dakota se viene con nosotros.

Yo me quedo.

¿No vuelves con nosotros?

No puedo dejar a Sari.

Claro, claro que no...

¡Pero si es Kiri! ¿Os conocéis?

¿Cómo?

Es amiga mía. Vive en Padar.

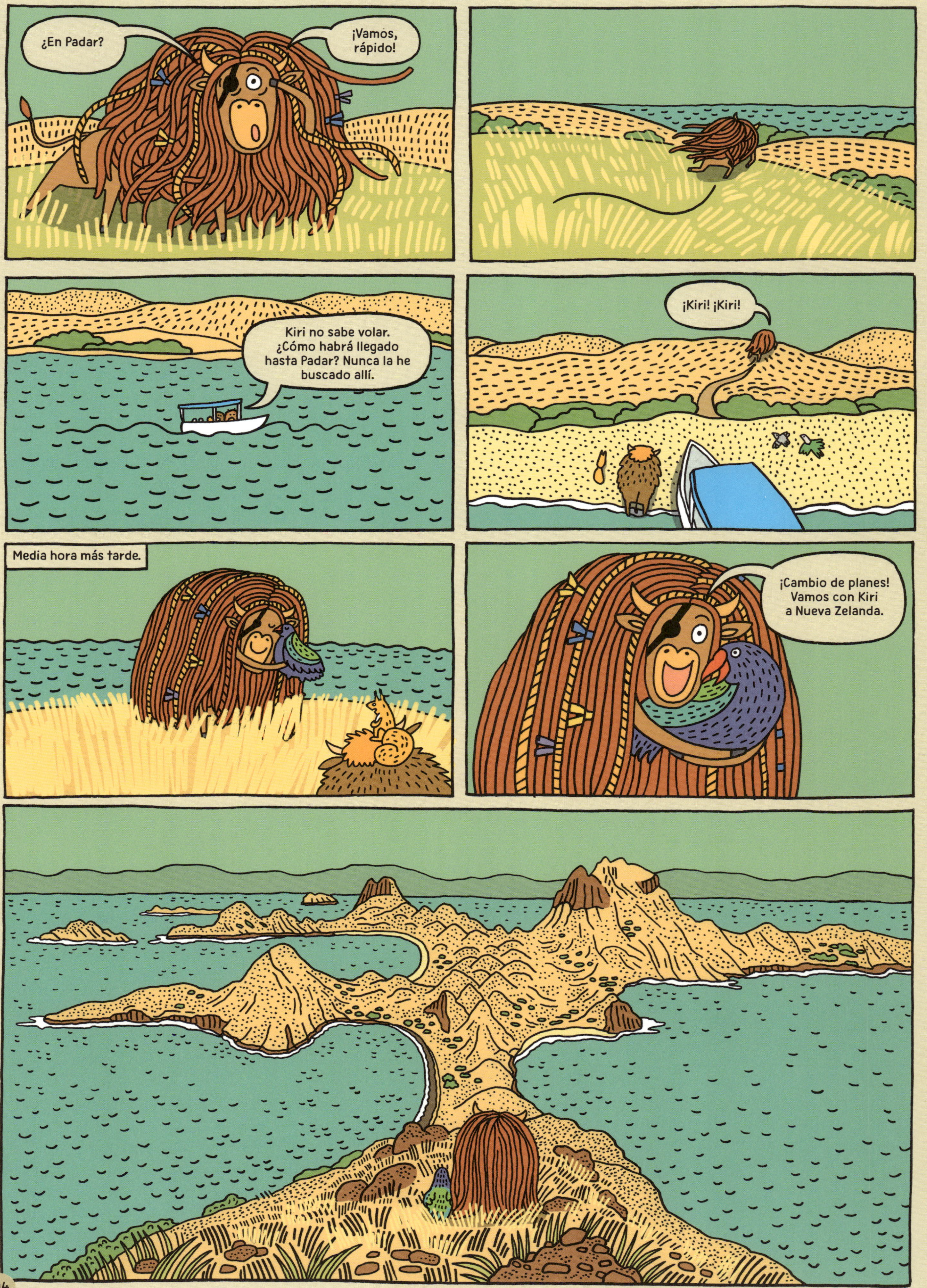

¿En Padar?

¡Vamos, rápido!

Kiri no sabe volar. ¿Cómo habrá llegado hasta Padar? Nunca la he buscado allí.

¡Kiri! ¡Kiri!

Media hora más tarde.

¡Cambio de planes! Vamos con Kiri a Nueva Zelanda.

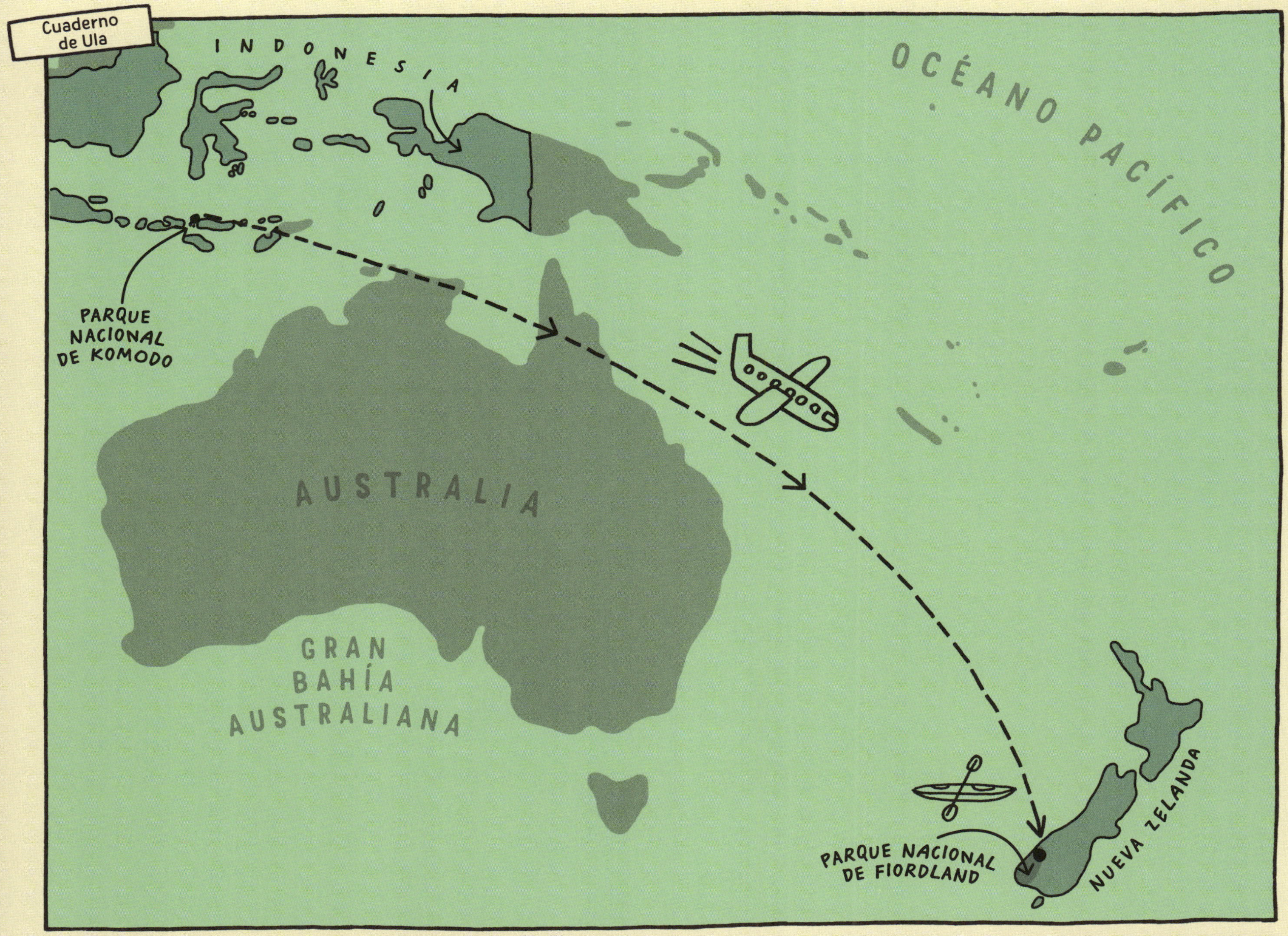

Cuaderno de Ula

INDONESIA

OCÉANO PACÍFICO

PARQUE NACIONAL DE KOMODO

AUSTRALIA

GRAN BAHÍA AUSTRALIANA

PARQUE NACIONAL DE FIORDLAND

NUEVA ZELANDA

Fiordo Milford Sound.

105

Parque Nacional de Fiordland

★ NUEVA ZELANDA ★ SUPERFICIE: 12.607 km² ★ CREADO EN 1952 ★

- rascón weka
- delfín nariz de botella
- pingüino de Fiordland
- mielero tui
- pingüino azul
- lobo marino de Nueva Zelanda
- geco del género Mokopirirakau
- ratona hada de la Isla Norfolk
- arrecife de coral
- mielero maori
- kiwi común
- pósum de cola de cepillo
- kakapo

107

Espero que os gusten las excursiones a pie. Nos espera una larga caminata.

¿Adónde vamos?

A mi casa. Al valle de Takahe.

¿Y tú, cómo es que no vuelas?

Hum... Bueno, volar tiene un alto coste.

¿Un alto coste?

Sí, un alto coste de energía.

Los animales obtienen de la comida la energía necesaria para vivir, crecer y reproducirse.

Para sobrevivir a los peligros, conseguir alimento y defenderse de los enemigos han desarrollado características como: una excelente vista, un gran tamaño, unas patas largas y fuertes o zarpas y dientes afilados.

En la mayoría de las aves una de esas características es la capacidad de volar. Gracias a ella son capaces de recorrer grandes distancias en busca de alimento o conseguirlo en lugares inaccesibles para otros. Pueden también escapar rápidamente en caso de peligro.

El desarrollo y el mantenimiento de las alas y de los músculos necesarios para volar requiere, sin embargo, mucha energía. Lo mismo pasa con el vuelo.

A pesar de ello la mayoría de las aves paga ese precio porque todo el que es capaz de volar tiene más posibilidades.

¡Ay!

108

Y sin embargo, no todas las aves saben volar, aunque los antepasados de todas ellas sí sabían. ¿Qué pasó para que algunas dejaran de volar? Nueva Zelanda es un buen lugar para estudiarlo porque en ninguna otra parte del mundo viven tantas especies de aves no voladoras.

Algunas de las mayores aves no voladoras del mundo

- avestruz — África
- emú común — Australia
- casuario común — Australia, Indonesia, Papúa Nueva Guinea
- ñandú — América del Sur
- pingüino emperador — Antártida

Nueva Zelanda está situada en unas islas del Océano Pacífico, lejos de los grandes continentes. Incluso Australia, el más cercano, está a más de tres horas de vuelo.

NUEVA ZELANDA — Isla Norte, Isla Sur — Océano Pacífico

Durante millones de años los únicos mamíferos que habitaban esas islas eran los murciélagos, los otarios y las focas.

- murciélago de cola corta de Nueva Zelanda *Mystacina robusta*
- murciélago de cola corta de Nueva Zelanda *Mystacina tuberculata*
- murciélago *Chalinolobus tuberculatus*
- león marino de Nueva Zelanda
- lobo marino de Nueva Zelanda

—¿A qué animales tienen miedo las aves en vuestros países?

—Mmm... A ver, a las martas, a los zorros, a los visones...

—Ajá...

—... y a los gatos domésticos...

—Es decir, a depredadores que se mueven por la tierra.

—Aquí no existían esos depredadores antiguamente. Las aves no tenían que preocuparse de que alguien acechara detrás de los arbustos. Se sentían seguras en tierra firme.

—La única amenaza eran, en todo caso, las aves rapaces que atacaban desde el aire.

—Tampoco había ciervos, liebres u otros herbívoros e insectívoros que compitieran con las aves por la comida.

—Era el auténtico reino de las aves.

—¿Lo entendéis ahora? Si en la tierra no existían peligros y no faltaba comida...

—... mis antepasados pudieron dejar de volar, que era una actividad costosa, y moverse únicamente a pie.

En unas islas libres de depredadores terrestres las aves que buscaban comida en el suelo se las apañaban bien sin volar. Así que adoptaron un modo de vida mayormente terrestre.

En esa situación unas patas fuertes y un pico duro resultaban más valiosos que las alas. Ya no importaba tanto ser ligero y las aves se hicieron más pesadas y corpulentas.

Las que se adaptaron a la vida terrestre lo tuvieron más fácil para sobrevivir. Por eso los rasgos útiles se desarrollaron y se consolidaron en sucesivas generaciones y los innecesarios fueron desapareciendo.

Fue un proceso lento que duró millones de años y finalmente hizo que muchas especies de aves de Nueva Zelanda perdieran la capacidad de volar.

Aves no voladoras de Nueva Zelanda

- calamón takahe de la isla Sur
- kiwi moteado
- kiwi marrón de la isla Norte
- cerceta maorí
- cerceta de las Campbell
- kakapo
- kiwi moteado menor
- kiwi pardo de Okarito
- rascón weka
- kiwi común
- pingüino ojigualdo
- pingüino de Sclater
- pingüino de las Snares
- pingüino de Fiordland
- pingüino de penacho amarillo
- pingüino azul

Nueva Zelanda se descubrió más tarde que la mayoría de las grandes islas. Había permanecido deshabitada durante muchísimo tiempo. Cuando finalmente llegaron los seres humanos transformaron para siempre su paisaje y su naturaleza.

Los primeros en asentarse en esas islas, hace unos 700-800 años, fueron los polinesios.

Con ellos llegaron los perros y las ratas.

Kuri, raza extinta de perro polinesio

kiore, rata de la Polinesia

Los nuevos habitantes, llamados maoríes, cazaban focas, otarios y aves.

Las moas, aves no voladoras, eran una presa especialmente apreciada. La mayor de las especies alcanzaba 3,5 m de altura (con el cuello estirado hacia arriba) y podía superar los 200 kg de peso.

La adaptación de las aves en lugares libres de depredadores contribuyó a su exterminio —el abandono de la capacidad de volar, el gran tamaño, la construcción de nidos en el suelo, un número reducido de huevos—. Estas aves se convirtieron en una presa fácil para hombres, perros y ratas, además no fueron capaces de reproducirse con rapidez para que su población no mermara.

Fueron desapareciendo también los espesos bosques en los que vivían. Los maoríes los quemaban para ganar terreno donde asentarse y cultivar la tierra, y para desplazarse más fácilmente por las islas.

La caza y la destrucción de los bosques causaron la extinción de muchas especies de aves, incluidas todas las moas.

El primer europeo que llegó a Nueva Zelanda fue el navegante holandés Abel Tasman.

1642

Más de cien años más tarde el explorador británico James Cook organizó tres expediciones a esa zona. Navegó alrededor de las islas y demostró que no se trataba de Terra Australis Incognita, el mítico continente buscado desde la antigüedad.

1769-1777

Más tarde, a bordo de barcos balleneros y de cazadores de focas, llegaron desde Europa algunos polizones.

rata parda

rata negra

ratón doméstico

En el siglo XIX cada vez más europeos se instalaron en Nueva Zelanda. Talaron y quemaron los bosques y drenaron los pantanos para tener tierra de cultivo y pastos.

Los europeos llegaron con sus ovejas, vacas, cerdos, cabras, caballos y bueyes, y también con sus perros y sus gatos.

Parte de esos animales se escapó, se volvió salvaje y empezó a reproducirse en libertad.

gato doméstico asilvestrado

Los europeos hicieron llegar a Nueva Zelanda más de 140 especies de aves desconocidas hasta entonces allí. Decenas de ellas siguen formando parte de la fauna de la isla.

Algunas se introdujeron para ayudar a combatir las plagas de insectos que destruían las cosechas.

gorrión

Sin embargo, resultó que esas aves también podían ser una plaga...

¡Tenían que comerse los insectos, no el grano!

...así que se importaron otras especies para que cazaran a las primeras.

mochuelo común

¡Recuerda para qué estás aquí!

Algunas especies se introdujeron para poder practicar la caza.

faisán

Otras, con su canto, tenían que recordarles a los colonos su tierra natal.

zorzal común *mirlo*

Algunos mamíferos introducidos en Nueva Zelanda

Algunas especies de marsupiales, incluido el pósum de cola de cepillo, traído de Australia para aprovechar su valiosa piel.

Jabalíes y cabras. James Cook fue el primero en llevarlos hasta allí y dejarlos sueltos para que las tripulaciones de los barcos que arribaban a la isla o los náufragos tuvieran algo que comer.

Las cabras domésticas, las ovejas y los caballos asilvestrados viven en Nueva Zelanda hasta hoy.

Los erizos tenían que ayudar a combatir las plagas de las plantas de jardín.

Los conejos y las liebres se introdujeron para cazarlos y para utilizar su carne y su piel.

Los mamíferos ungulados se introdujeron para poder cazarlos.

sambar, *sambar de Java*, *ciervo común*, *gamo común*, *tar del Himalaya*, *rebeco*, *venado cola blanca*, *ciervo sica*, *ciervo canadiense*

Los turones, los armiños y las comadrejas se llevaron para que cazaran a los conejos que se extendieron por todas partes y se convirtieron en una plaga.

En las islas se dejaron en libertad otros muchos animales procedentes de lugares muy lejanos, como cebras, ñus, camellos, llamas y alpacas. Afortunadamente para la naturaleza autóctona, no sobrevivieron en el nuevo entorno.

Algunas aves extintas de Nueva Zelanda

águila de Haast
Harpagornis moorei

La más grande y pesada de las águilas conocidas. Cazaba moas y otras aves no voladoras.

rascón de la isla Chatham
Cabalus modestus

ave no voladora
Aptornis otidiformis

moa de los arbustos
Anomalopteryx didiformis

huia
Heteralocha acutirostris

En Nueva Zelanda vivían nueve especies de moas.

ninox reidor
Sceloglaux albifacies

la mayor de las especies de moas

moa gigante de la isla Sur
Dinornis robustus

moa de patas pesadas
Pachyornis elephantopus

113

Antes de la llegada del ser humano la mayor parte de Nueva Zelanda estaba cubierta de espesos bosques.

selva tropical en la isla Norte

Hoy los bosques ocupan solo una cuarta parte de la superficie de la isla.

Paso de Mackinnon.

¿Cómo es que estuviste tanto tiempo perdida en Indonesia? Tienes muy buena orientación.

¿Y quién dice que me perdí?

Me lo pasé muy bien viviendo en Padar.

¡Uy, va a caer una...! Aquí el tiempo cambia en un instante.

La verdad es que no sabía que Dakota estaba buscándome...

Cuaderno de Ula

PARQUE NACIONAL DE FIORDLAND

- ES FAMOSO POR SUS PINTORESCOS FIORDOS. 
- LAS MONTAÑAS OCUPAN LA MAYOR PARTE DE SU SUPERFICIE. 
- EN EL PARQUE HAY SELVAS TROPICALES. 
- EN LOS ESPACIOS ABIERTOS CON VEGETACIÓN CRECEN LOS TUSSOCK EN AGRUPACIONES.

HAYA PLATEADA DE NUEVA ZELANDA
Nothofagus menziesii

LAS FALSAS HAYAS SON LOS ÁRBOLES PREDOMINANTES EN LOS BOSQUES DEL PARQUE NACIONAL DE FIORDLAND.

HAYA ROJA DE NUEVA ZELANDA
Nothofagus fusca

TOTARA

HOJA DEL HELECHO
Cranfillia fluviatilis

HAYA DE MONTAÑA
Nothofagus solandri VAR. *cliffortioides*

BROTE

RIMU
Dacrydium cupressinum

BROTE

HOJA DEL HELECHO
Hypolepis millefolium

Raoulia buchananii

ESTA PLANTA DE MONTAÑA CRECE EN GRANDES MATAS ACOLCHADAS COMPUESTAS POR HOJAS PEQUEÑAS.

PIÑA DE RIMU

EN INVIERNO LOS CALAMONES TAKAHE SE ALIMENTAN, ENTRE OTRAS COSAS, DE RIZOMAS DE ESTE HELECHO.

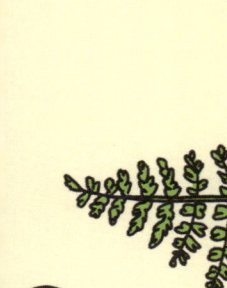

Chionochloa pallens

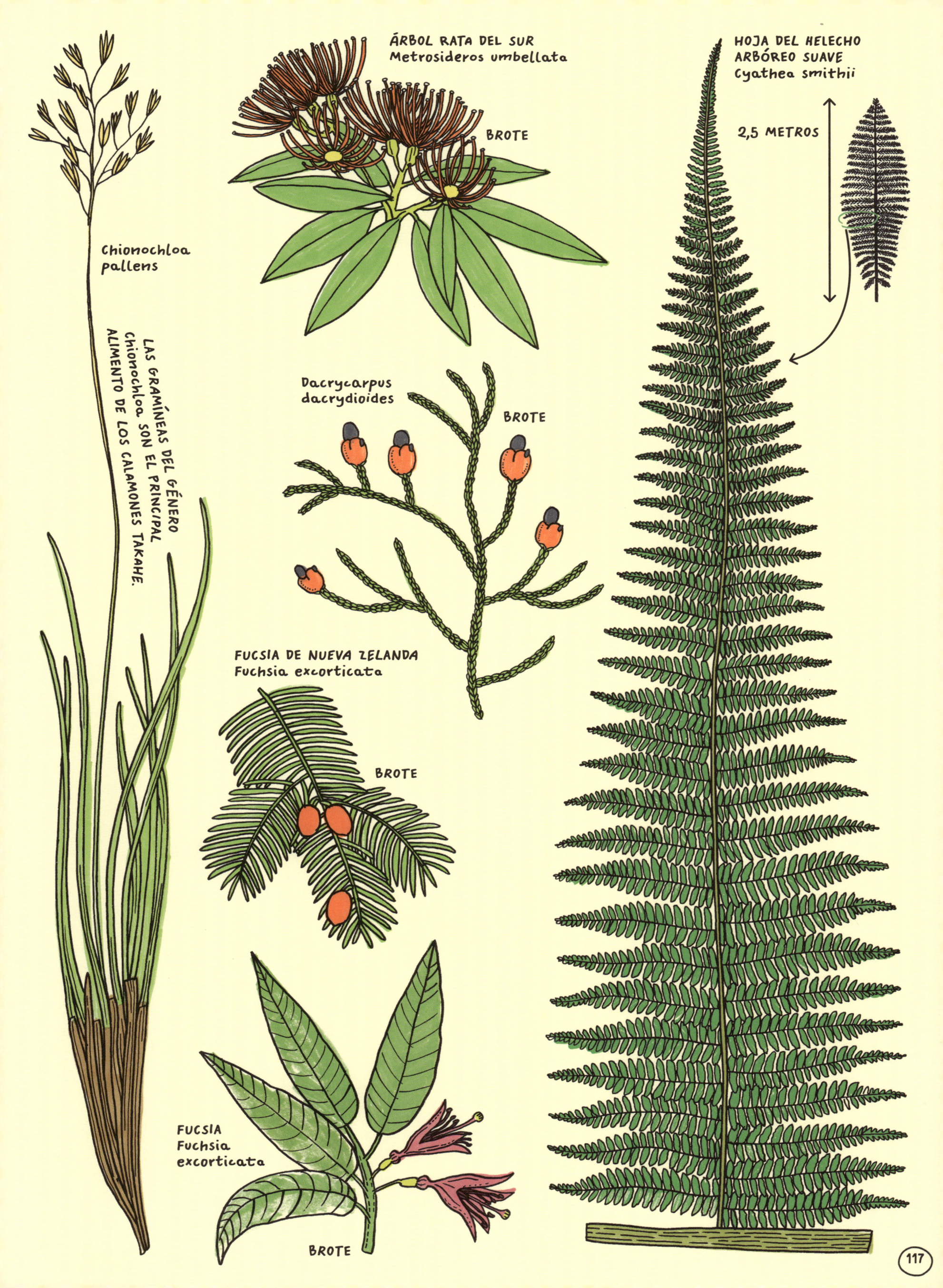

LAS GRAMÍNEAS DEL GÉNERO Chionochloa SON EL PRINCIPAL ALIMENTO DE LOS CALAMONES TAKAHE.

ÁRBOL RATA DEL SUR
Metrosideros umbellata

BROTE

Dacrycarpus dacrydioides

BROTE

FUCSIA DE NUEVA ZELANDA
Fuchsia excorticata

BROTE

FUCSIA
Fuchsia excorticata

BROTE

HOJA DEL HELECHO ARBÓREO SUAVE
Cyathea smithii

2,5 METROS

117

Cuando los seres humanos llegaron a Nueva Zelanda, en muy poco tiempo, decenas de nuevas especies de plantas y animales causaron unos cambios bruscos en el ecosistema local (ver pág. 30).

Antes de aquello los cambios se producían de forma natural; eran procesos lentos que provocaban que las diferentes especies se adaptaran cada vez mejor a su entorno.

¡Qué bien me camuflo!

Todas estas especies se "especializan" en algo. Hay aves que buscan gusanos en el suelo, otras cazan insectos en las copas de los árboles. Las hay también que se alimentan de hojas, frutos o del néctar de las flores.

Esas formas de vida en el entorno natural que permiten a los animales sobrevivir y reproducirse reciben el nombre de nichos ecológicos. Y hay muchos en cualquier ecosistema.

Las especies con nichos ecológicos similares compiten entre sí. A veces van evolucionando poco a poco para poder convivir sin estorbarse demasiado mutuamente. Por ejemplo, se especializan aún más: unas empiezan a comer solo insectos pequeños y otras solo grandes. Otras veces la especie más fuerte desaloja a la más débil.

De esa manera las plantas y los animales desarrollan características nuevas, forman nuevas especies y, en ocasiones, dejan de existir. ¡Pero ojo! Se trata de unos cambios muy lentos, que pueden tardar en producirse miles o millones de años.

Sin embargo, cuando en un lugar aparece de repente una especie ajena, las plantas y los animales no tienen suficiente tiempo para adaptarse a la nueva situación. Son incapaces de cambiar rápidamente su forma de vivir y de alimentarse, de crear nuevos mecanismos de defensa o rasgos que les permitan trasladarse a otro entorno.

Las plantas y los animales importados ocupan los nichos ecológicos libres o compiten con las especies locales. En cambio, si resultan más fuertes (por ejemplo, consiguen el mismo alimento con mayor eficacia) o se convierten en enemigos naturales de las especies autóctonas, pueden provocar su extinción.

¡Ey, no te lo comas todo!

¿Qué decías?

Los pósums de cola de cepillo se llevaron a Nueva Zelanda a mediados del siglo XIX. Como los únicos enemigos que tenían eran los seres humanos y los gatos, se multiplicaron y se convirtieron en una molesta plaga. La densidad de población es hoy en día mayor que en Australia, de donde proceden.

No es culpa mía, lo juro.

Los pósums se alimentan de hojas, brotes, flores, frutos y semillas de algunas especies de árboles. Una vez eligen un árbol, vuelven a él tantas veces que finalmente lo dejan completamente pelado. Después se pasan a otro árbol. De esa manera destruyen bosques enteros.

En Australia, donde son parte natural del ecosistema, no causan tantos daños. No se multiplican en exceso porque la comida es más escasa. Además, los incendios forestales y sus enemigos naturales contribuyen a reducir su número.

La naturaleza singular de Nueva Zelanda no estaba preparada para la invasión de depredadores terrestres que atacaran a unas aves que en gran parte no sabían volar. Las plantas locales, que anteriormente no tenían que vérselas con un gran número de herbívoros, eran incapaces de regenerarse con rapidez.

Fue así como se extinguieron muchas especies únicas. Los ciervos, los pósums de cola de cepillo, los conejos, los armiños y las ratas son solo algunas de las especies invasoras que siguen destruyendo la fauna y flora neozelandesas. El principal reto de todos los que se dedican a proteger la naturaleza autóctona es combatirlas.

¿Seguro que no se nos ha colado ninguna rata en el barco?

Seguro. Lo he mirado todo muy bien.

Isla Codfish

No es fácil capturar todos los animales que causan daños y que están repartidos por todo el país. De momento, se ha conseguido solo en algunas islas pequeñas.

Las reservas de aves, desprovistas por completo de depredadores, se han convertido en casas para las especies en peligro crítico de extinción.

Ya solo quedan unos 200 kakapos.

Son los únicos loros no voladores del mundo.

Bosque tropical.

Es el lago Te Anau. Aquí empieza el sendero Milford, por el que hemos ido todo el tiempo. Habitualmente se recorre del sur al norte, al revés de lo que hemos hecho nosotros. En la temporada de verano, cuando más turistas hay, está incluso prohibido hacerlo en el sentido contrario.

Bah, esas normas son para los turistas. Yo soy una especie protegida y puedo ir por donde me dé la gana.

Yo también soy una especie protegida.

Ya, pero no aquí.

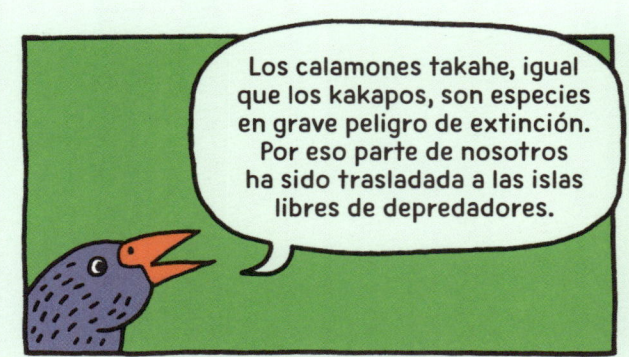

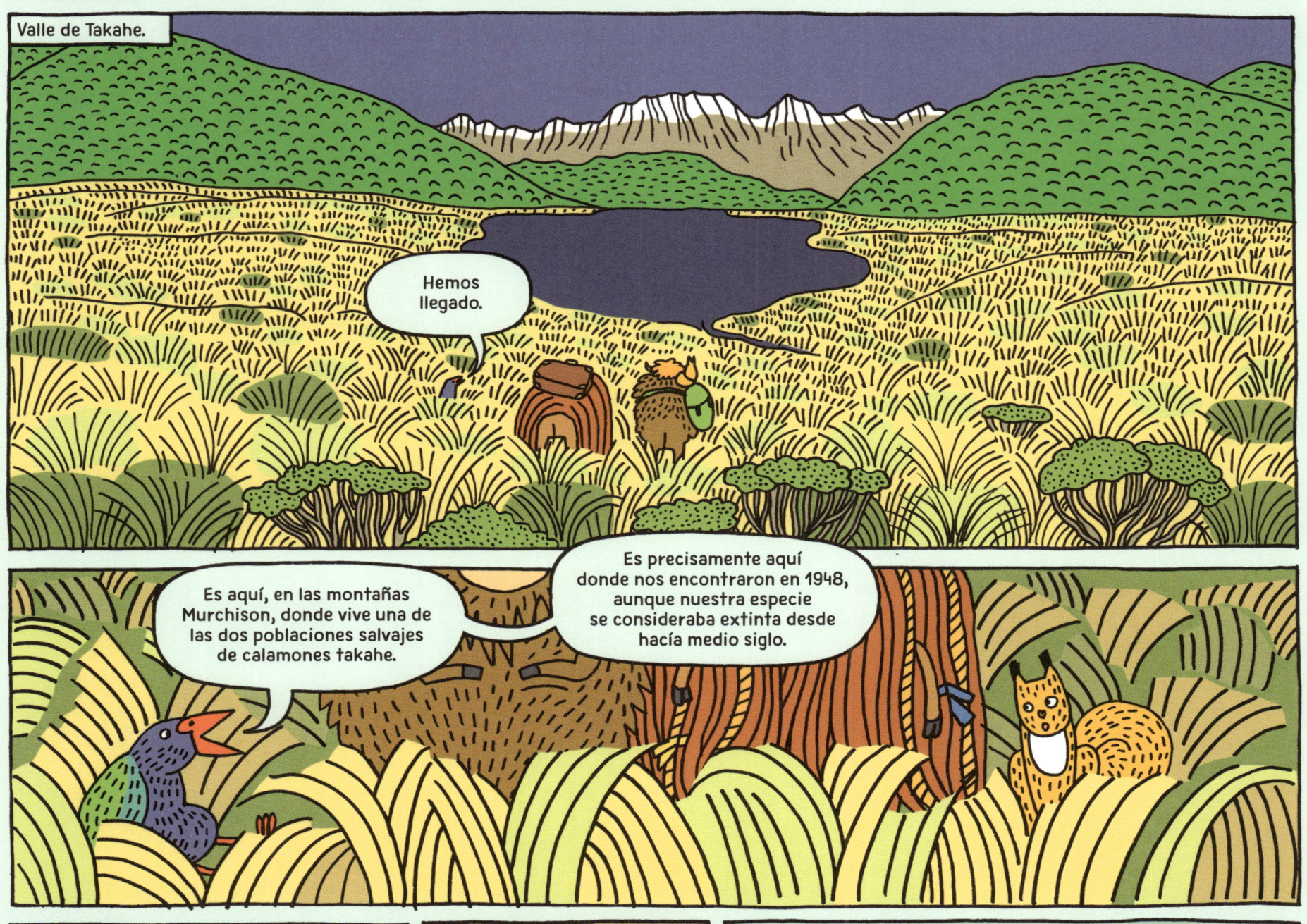

— Los calamones takahe, igual que los kakapos, son especies en grave peligro de extinción. Por eso parte de nosotros ha sido trasladada a las islas libres de depredadores.

— La verdad es que en las montañas del Parque Nacional no lo tenemos fácil.

— A los ciervos les gustan las mismas plantas que a nosotros y los armiños nos cazan y destruyen nuestros nidos.

Valle de Takahe.

— Hemos llegado.

— Es aquí, en las montañas Murchison, donde vive una de las dos poblaciones salvajes de calamones takahe.

— Es precisamente aquí donde nos encontraron en 1948, aunque nuestra especie se consideraba extinta desde hacía medio siglo.

Los primeros europeos que se toparon con un takahe vivo fueron unos cazadores de focas.

Lo asaron y se lo comieron, pero guardaron la piel y el plumaje.

1849

Se los compró Walter Mantell, funcionario y naturalista. Gracias a él el ave, disecada, fue a parar al Museo Británico de Londres.

Dos años más tarde otro takahe llegó a manos de Mantell.

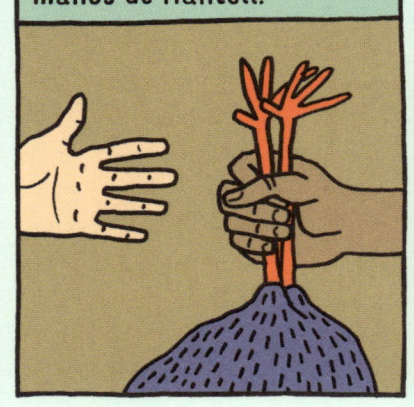

— Es muy poco probable que encontremos nunca un ejemplar vivo.

Y sin embargo...

1879

1898

Los cuatro ejemplares acabaron en museos. Aunque de vez en cuando llegaban noticias de otros encuentros con los takahe, no fue posible confirmarlas y a finales del siglo XIX la especie se consideró extinta.

121

Al médico Geoffrey Orbell (naturalista aficionado), le fascinaba la misteriosa ave con cuyas huellas se topaban a veces los cazadores y los forestales.

Durante años anotó las noticias de esos encuentros y los marcó en un mapa.

... echó a correr tan rápido...

... era grande, azul y verde, una especie de...

abril 1948
Un día, cuando recorría las inaccesibles montañas Murchison, oyó la voz de un ave desconocida.

¡Lo hemos encontrado!

Se topó con una huella y marcó su tamaño en su pipa.

Universidad de Otago.

Esta huella es demasiado grande. Creo que es una garza...

Hum...

noviembre 1948
Orbell sabía que tenía que volver a aquel lugar.

Y finalmente lo consiguió.

Atrapó dos aves para poder fotografiarlas y medirlas.

Después las dejaron en libertad.

Han pasado muchos años de aquel descubrimiento, pero los takahe siguen necesitando protección. Su población en Nueva Zelanda apenas supera los 400. Los takahe salvajes viven en las montañas Murchison y en el Parque Nacional de Kahurangi. Otros habitan reservas en algunos islotes libres de depredadores y los restantes están en centros especiales donde los ayudan a reproducirse y preparan a los polluelos para la vida en libertad.

Dos semanas más tarde.

Se me ha gastado el rotulador...

Echo de menos mi casa...

fin

Estación científica Zackenberg.

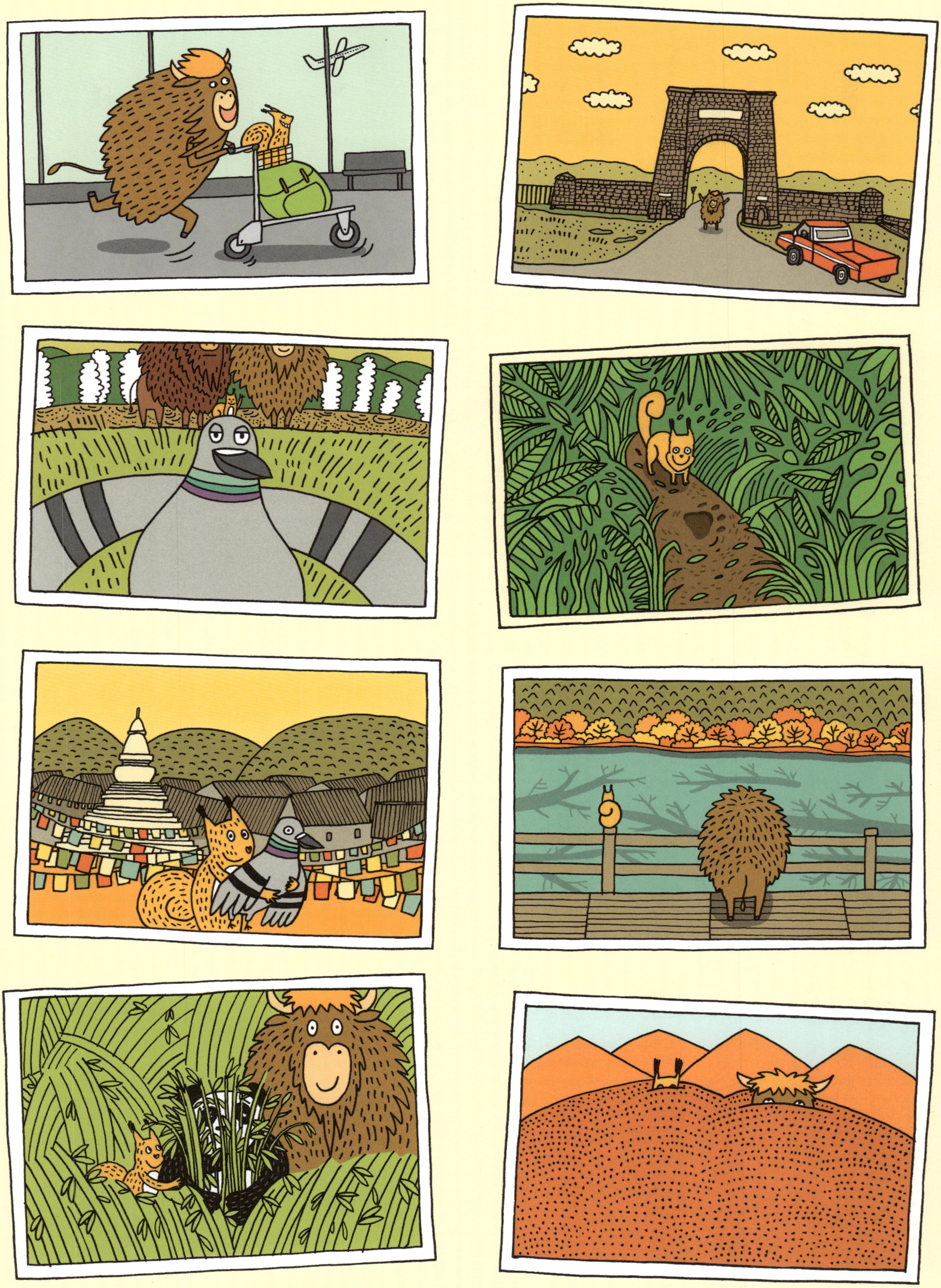